CB139589

Pedagogia da Amizade

BULLYING

O sofrimento das vítimas e dos agressores

CARO LEITOR,

Queremos saber sua opinião sobre nossos livros.

Após sua leitura, acesse nosso *site* (www.editoragente.com.br), cadastre-se e contribua com sugestões, críticas ou elogios.

Boa leitura!

Gabriel Chalita

Pedagogia da Amizade

Bullying

O sofrimento das vítimas e dos agressores

Gente editora

4ª Edição

Editora
Rosely M. Boschini

Coordenação editorial
Fernando Fernandes

Assistência editorial
Rosângela Barbosa

Produção
André Medella

Preparação
Veridiana Maenaka

Capa
Rubens Lima

Foto da capa
iStockphotos

Projeto gráfico
Neide Siqueira

Foto de miolo
Viktor Pravdica/
Dreamstime.com

Editoração
Join Bureau

Revisão
Flávia Schiavo

Copyright © 2008 by Gabriel Chalita
Todos os direitos desta edição são reservados
à Editora Gente.
Rua Pedro Soares de Almeida, 114
São Paulo, SP – CEP 05029-030
Telefone: (11) 3670-2500
Site: http://www.editoragente.com.br
E-mail: gente@editoragente.com.br

Dados Internacionais de Catalogação na Publicação (CIP)
(Câmara Brasileira do Livro, SP, Brasil)

Chalita, Gabriel
Pedagogia da amizade — *bullying* : o sofrimento das vítimas e dos agressores / Gabriel Chalita — São Paulo : Editora Gente, 2008.

Bibliografia.
ISBN 978-85-7312-743-0

1. Educação – Finalidades e objetivos 2. Pedagogia 3. Psicologia educacional 4. Valores (Éticas) 5. Violência I. Título. II. Título: Bullying : o sofrimento das vítimas e dos agressores.

08-04986 CDD-370.15

Índice para catálogo sistemático:

1. Bullying : Prevenção : Educação e psicologia 370.15
2. Violência : Prevenção : Educação e psicologia 370.15

Sumário

Tudo o que não temos ao nascer, e de que necessitamos como adultos, é-nos dado pela educação.

[...]

Essa educação nos vem da natureza, ou dos homens ou das coisas. O desenvolvimento interno de nossas faculdades e de nossos órgãos é a educação da natureza; o uso que nos ensinam a fazer desse desenvolvimento é a educação dos homens; e o ganho de nossa própria experiência sobre os objetos que nos afetam é a educação das coisas.

[...]

Nascemos sensíveis e desde o nosso nascimento somos molestados de diversas maneiras pelos objetos que nos cercam. Mal tomamos por assim dizer consciência de nossas sensações e já nos dispomos a procurar os objetos que as produzem ou a deles fugir, primeiramente segundo nos sejam elas agradáveis ou desagradáveis, depois segundo a conveniência ou a inconveniência que encontramos entre esses objetos e nós, e, finalmente, segundo os juízos que fazemos deles em relação à idéia de felicidade ou de perfeição que a razão nos fornece.

[...]

Nosso verdadeiro estudo é o da condição humana. Quem entre nós sabe suportar os bens e os males desta vida é, a meu ver, o mais bem-educado; daí decorre que a verdadeira educação consiste menos em preceitos do que em exercícios.

Jean-Jacques Rousseau[1]

1. ROUSSEAU, Jean-Jacques. *Emílio ou Da educação*. Rio de Janeiro: Bertrand Brasil, 1995.

Oferecimento

Ricardo Castilho

Walcyr Carrasco

Amigos que chegaram ontem
e já se fizeram imprescindíveis.

Homenagem

Arnaldo Niskier

Cristina Cordeiro

Eduardo Portella

Gilberto Dimenstein

Maria Helena Rovere

Por acreditarem em uma educação

que nutre,

constrói,

ilumina.

Não desista do amor, não desista de amar.
Não se entregue à dor porque ela um dia vai passar.

Deixa que a aventura de ser gente te envolva.
Prepara o que será no que és.
Não prenda os teus olhos nos olhares que te acusam.
Esquece a voz que te condenou.

Fábio de Melo, *Não desista do amor*

Introdução

Aristóteles, quando perguntado sobre o que é um amigo, respondeu: "O que é um amigo? Uma única alma habitando dois corpos".

Não é possível ser feliz sem amigos, nem viver sem amigos. Por isso a amizade faz parte da essência humana.

No plano pedagógico, não é diferente. A pedagogia busca desenvolver o que o ser humano tem de melhor, e o que ele tem de melhor é a amizade. A amizade com o outro, com ele mesmo, com a humanidade.

Neste livro, o objetivo é falar sobre a amizade como um caminho para educar com excelência, tanto em casa quanto na escola. Os pais são os primeiros amigos. São aqueles que se oferecem para dar continuidade ao milagre da vida. São os que conduzem os primeiros sonhos do novo amigo. E que missão magnífica essa de estar presente para aliviar a dor – que sempre há de vir – e para semear amor – que dá graça à existência. Os professores continuam a tarefa de apresentar o conhecimento e o mundo aos aprendizes. E com que dedicação e elegância o fazem! O mestre fala do amanhecer, fazendo crer que ele traz um novo sabor que se soma ao saber que de fato virá. Não há como negar que o amanhecer há de vir, mesmo para aqueles que, desanimados, preferem não ver o óbvio e fechar as janelas a fim de atestar para si mesmos que as noites não têm fim. Vivem em uma escuridão involuntária. Na verdade, não foram eles que fecharam as cortinas e, quando o fizeram, eram ainda muito frágeis para se defender. Violaram o direito sagrado de conhecer o sabor do amanhecer. Isso é o *bullying*. Uma agressão à alma. Uma intrusão dolorosa nos sentimentos do ser humano. Sofre o agredido. Sofre o agressor. Sofre a humanidade.

O *bullying* é a negação da amizade, do cuidado, do respeito. O agente agressor impiedosamente expõe o agredido às piores humilhações. Dos apelidos perversos às atitudes covardes de quem tem mais força física ou mais poder. O agredido dificilmente encontra coragem para se defender e permite que se fechem as cortinas. E quantos há que, com as cortinas fechadas, dão cabo à própria história. Não são poucos os relatos recentes de alunos que desistem de viver e que, antes disso, decidem se vingar da instituição que permitiu que as cortinas lhes fossem fechadas.

Pobres jovens, adolescentes, crianças indefesas. Pobres pais ausentes que choram tardiamente. Pobre escola que deveria acolher, proteger, preparar, ser amiga, enfim.

Dos mais leves desrespeitos aos mais graves crimes contra a humanidade, todos nascem da ausência da amizade. A amizade se dá em relação a uma pessoa ou a todas de um grupo, de um gênero, de uma classe etc. O amigo cuida. O amigo não humilha. O amigo tem compaixão. Ah, que sentimento nobre é a compaixão! A capacidade de se colocar no lugar do outro e sofrer a mesma dor que o acomete. *Uma alma em dois corpos*. É assim que deveria ser. O professor se colocar no lugar do aluno e vice-versa. Entre pais e filhos também. Entre amigos. Por que destruir o sentimento alheio? Por que submeter o outro a uma chacota que visa à diversão mesquinha? Por que impor o medo, a vergonha, a dor? Será o *bullying* uma opção consciente ou a ausência da consciência? O que pais e educadores podem fazer para evitar esse mal que assola escolas de todo o mundo? Qual é o antídoto para essa violência? E o governo? Que políticas públicas são eficazes para uma educação de excelência que privilegie o ser humano em todas as suas habilidades, a emocional, a cognitiva, a social, a espiritual e a ecológica?

Somos filhos da Terra. Somos membros de um mesmo corpo. Perder a compaixão é perder a capacidade de se incomodar com o sofrimento alheio – e os incomodados são capazes de mudar o mundo. Perder a compaixão é fazer o outro sofrer ou se omitir. E, de omissão em omissão, o mundo assiste a massacres terríveis. Milhões de pessoas foram exterminadas por ditadores que movimentaram um séquito de ignorantes dos valores da humanidade. Ninguém tem o direito de se sentir superior ao outro. Não há cidadãos de primeira e de segunda categoria. E o preconceito que fere e mata nasce desse sentimento menor de arrogância, de prepotência, de incompaixão.

Pedagogia da amizade é um convite à reflexão. Não traz fórmulas, até porque elas não existem. Traz olhares colecionados em experiências vividas e ouvidas, encontros com educadores e aprendizes, com pais e filhos que se esforçam por encontrar um caminho. É dedicado a quem acredita no ser humano e se esforça para melhorar o mundo, mesmo que o mundo seja um filho, um aluno ou uma sala de aula. As histórias deste livro levam a esta constatação: a de que há fracassos e sucessos, finais felizes ou finais antecipados pela ausência da felicidade.

Uma alma habitando dois corpos – eis o convite da amizade. Eis a pedagogia a serviço do bom, do belo e do verdadeiro. Há muito a fazer. Façamos.

Gabriel Chalita
Abril de 2008

Capítulo 1

Amizade – uma atitude que protege

Fica sempre um pouco de perfume,
nas mãos que oferecem rosas,
nas mãos que sabem ser generosas.

Judith Junqueira Vilella, *Fica sempre*

O ser humano é um animal social. Essa assertiva de Aristóteles já foi, há muito, acolhida pelas diversas ciências que estudam a humanidade. Não há possibilidade de desenvolvimento sem o grupo. Desde o andar ereto, a fala, a troca de afeto até as mais diversas manifestações cognitivas – tudo nasce de encontros e desencontros entre pessoas. As primeiras manifestações do fazer humano dão-se na família. Depois da surpresa da vinda, o acolhimento ocorre na mãe, que amamenta, alimenta; no pai, que é partícipe. Crianças criadas por pessoas que não sejam os pais também têm condições de desenvolver habilidades e competências. O contato humano estimula a nova criatura a emitir sons, fazer gestos, adquirir certos modos, paulatinamente construir a própria identidade.

No ambiente escolar, onde a criança é inserida cada vez mais cedo – há aquelas que, com alguns meses, já freqüentam creches –, a aprendizagem vai sendo sistematizada para que os talentos surjam e o mundo ganhe significado. Podem surgir bloqueios em função de atitudes irrefletidas de alguns educadores. Há pais que, desde o início, adotam uma postura de apatia com o filho ou, no outro extremo, de presença sufocante, prontos para intervir diante da menor queda. Há professores que agem do mesmo modo. Há aqueles que, nos primeiros contatos, se colocam como solucionadores de qualquer angústia infantil e aqueles que preferem uma postura mais distanciada, acreditando que é uma atitude profissional. Mas, agindo assim, podem perder grande oportunidade de, desde cedo, incentivar o desenvolvimento da autonomia.

Há pais que erram por ignorância. Esses, entre os que erram, são a maioria (será que há alguém que não erre?). Mas há aqueles que o fazem por não gostar dessa nova tarefa na vida. Os pais que erram por ignorância esforçam-se para fazer o melhor. Marinheiros de primeira ou de segunda ou de terceira viagem, não importa, não sabem tratar com o novo. Temem não atender às expectativas do filho. Insistem que alguns comportamentos surjam antes do tempo. Temem quando a criança demora a falar ou a andar ou quando apresenta alguma diferença em relação a outras crianças que eles têm como modelo de perfeição. De igual ordem, não são raros os primeiros professores que também se assustam freqüentemente e muitas vezes não têm a humildade de consultar outros educadores para entender o novo. O comportamento de uma criança não é necessariamente igual ao de outras, e nem por isso ela pode ser considerada inepta, incapaz de aprender. O tempo de aprendizagem não é o mesmo para todos – não há pessoas iguais. É impressionante a quantidade de adultos bem-sucedidos que quando crianças receberam avaliações negativas dos professores. Apesar dos dissabores, eles conseguiram vencer. Outros, entretanto, se deixaram abater por palavras de desestímulo. Palavras proferidas sem o devido cuidado em um momento de distração ou de impertinência, mas que surtiram efeito porque vieram de quem tinha ou deveria ter autoridade para tanto. Frases infelizes como: "Que pena, você não tem talento para a escrita"; "Você deveria trabalhar com o seu pai, seu destino não é o estudo"; "Que texto horrível"; "É impressionante como você é burro!". Dizeres jogados, perdidos, incutidos de uma infelicidade imensa.

Do confronto com o novo surgem algumas atitudes que podem comprometer o desenvolvimento de uma pessoa. A insistência em que o aluno canhoto escreva com a mão direita pode causar, como se sabe hoje, um trauma de toda uma vida. Em algumas escolas, antigamente, havia a concepção de que a mão direta é que era adequada para escrever. Era uma concepção tão arraigada que a própria língua reflete isto: destreza (qualidade de quem tem agilidade) origina-se de destra (a mão direita). Por oposição, sinistra (a mão esquerda), representa uma coisa ruim, malévola.

A reprimenda ao aluno que chora nos primeiros dias de aula, assim como a comparação com os que não choram, traduz-se como uma guerra entre fracos e fortes, independentes e carentes de amparo familiar. Não há quem não precise desse amparo. Essa luta é desnecessária e cruel.

Entre irmãos, as comparações – danosas ao desenvolvimento emocional – começam cedo. Muitos pais tendem a comparar um filho ao outro, involuntariamente. Desde a disposição para determinada atividade, como jogar bola, até o controle sobre o sono matutino. Em geral a demora em levantar da cama é considerada sintoma de problema. Também é comparada a força física – pobres dos mais frágeis, que não se portam como valentões, porque já começam a trajetória com a alma agredida; como não encontram forças para se defender e temem dizer isso aos pais, quando agredidos física ou moralmente na escola, preferem o universo doloroso do silêncio. E, assim, o *bullying* vai nascendo. Os mais fortes humilham os mais fracos, que não têm espaço para revidar nem para revelar a dor que sentem na alma.

Precisam de amizade os fracos e os fortes, até porque o conceito de fraqueza e de força é relativo. Os que se julgam fortes podem sentir-se profundamente fracos, às vezes. E os que se apresentam fracos em algumas ocasiões, em outras, quando recebem atenção e cuidado, conseguem surpreender até a si mesmos.

As atitudes de desarmonia no grupo nascem de razões diversas. Não há um manual que ensine o que fazer para que o filho ou o aluno não se sinta diminuído em razão do *bullying*. Nem há receita para que, em decorrência dessas agressões, o aluno não se transforme em uma pessoa cujos bloqueios dificultem a relação com outras pessoas. O que se constata é que o universo do agredido se agiganta de tal forma que o medo o aprisiona, deixando-o lá dentro, protegido pelo nada. Apenas ali, sem falar muito, sem exprimir alegria ou tristeza, sem revelar a dor. Diante dessas atitudes, os pais, às vezes, se desesperam, achando que o filho tem problema, que é quieto demais, que tem inteligência menor e outras tantas bobagens. E existem os professores que insistem em procedimentos de choque, exigindo que o tímido deixe de ser tímido, que o acanhado se coloque à frente, como se isso fosse o suficiente para quebrar as amarras desse universo nebuloso do medo. Naturalmente, a grande parte dos professores entende de ser humano e tem o cuidado necessário para que as atitudes não apequenem, ao contrário, ajudem o aluno a, protegidos, ser melhores.

A atitude correta de pais e professores é a proteção. Não a proteção que engole, que apequena, que aprisiona. Mas a proteção que acolhe, que cuida, que prepara para o desenvolvimento da autonomia e do sonho. A criança tem de ser incentivada a sonhar e a realizar, desde sempre. No mundo fantasioso da infância, pululam personagens e situações que não devem ser descartadas nem desprezadas. Pais contadores de histórias estimulam mais esse universo onírico, além de estar mais presentes com os filhos. Aos que não conhecem histórias para serem contadas, ajuda, e muito, a leitura de livros e textos para que os filhos imaginem como são as personagens. É bela a cena de crianças aninhadas com o pai ou a mãe, ouvindo histórias. O sentido da amizade também nasce dessas histórias, nas quais em geral há uma moral a ser cultivada pela criança. O conceito de bem, de verdadeiro, de justo, de correto fica mais acessível quando aparece na atitude de alguma personagem com a qual a criança se identifica.

A chilena Gabriela Mistral,[2] Prêmio Nobel de Literatura em 1945 e uma educadora admirável, alerta que educar dá trabalho. É preciso ter dedicação e esforço. Vejam a receita que ela apresenta, neste pequeno e profundo poema:

Onde houver uma árvore para plantar, planta-a tu.
Onde houver um erro para emendar, emenda-o tu.

2. Gabriela Mistral (1889-1957) foi professora primária na zona rural do Chile e a primeira figura literária feminina a ganhar o Prêmio Nobel da Literatura no continente americano. É autora, entre outros livros, de *Desolación, Ternura, Tala* e *Lagar*.

Onde houver um esforço que todos evitaram, fá-lo tu.
Sê tu quem tira as pedras do caminho.

Preconceitos também nascem em casa. A criança é como uma esponja, que vai sugando o que percebe, ouve, sente. A forma como os pais se tratam e tratam os outros, comentários sobre culturas diferentes, posicionamentos ideológicos contra determinada classe social, condição econômica, gênero, etnia, orientação sexual etc., vão aos poucos povoando uma mente que ainda não tem poder para separar o joio do trigo. Além da covardia com que alguns maridos tratam suas mulheres, ou vice-versa. E tudo isso vai sendo despejado numa mente ainda em formação.

Palavras têm mais poder do que se imagina. A criança vai absorvendo um conceito de homem ou de mulher que não necessariamente se coaduna com a realidade. Repete esse aprendizado na escola, julgando como imagina ser o correto, com base naquilo que percebeu dos pais.

Erra quem diz que a criança é naturalmente preconceituosa. Erra porque ninguém é naturalmente preconceituoso. O preconceito nasce de uma distorção da aprendizagem, ocasionada pela aparente superioridade de um sobre o outro – superioridade falsa, mesquinha, cruel. A humanidade já deveria ter aprendido que todas as vezes que alguém teimou na existência de uma raça melhor que outra, isso só levou à barbárie, à incompaixão, à desumanidade.

Camões (1524?-1580), um dos maiores poetas da língua portuguesa, assim diz:

Mudam-se os tempos, mudam-se as vontades,
muda-se o ser, muda-se a confiança;
todo o mundo é composto de mudança,
tomando sempre novas qualidades.[3]

Os preconceitos também mudam, mas, infelizmente, permanecem. Se, por um lado, fica-se sensibilizado com a dor daqueles que sofreram ou morreram por preconceito, por outro, nas piadas toscas e nas atitudes imaturas o preconceito continua habitando espaços que deveriam ser sagrados – família e escola, pois preparam, tal qual um santuário, para o que virá depois que a oração terminar.

Alda Lara (1930-1962), poeta angolana, assim desenhou "As belas meninas pardas":

As belas meninas pardas
são belas como as demais.
Iguais por serem meninas,
Pardas por serem iguais.

---

3. Camões, Luís de. *Lírica completa II*. Lisboa: Imprensa Nacional/Casa da Moeda, 1980.
A íntegra do poema é esta: "Mudam-se os tempos, mudam-se as vontades,/muda-se o ser, muda-se a confiança;/todo o mundo é composto de mudança,/tomando sempre novas qualidades.//Continuamente vemos novidades,/diferentes em tudo da esperança;/do mal ficam as mágoas na lembrança,/e do bem – se algum houve – as saudades.//O tempo cobre o chão de verde manto,/que já coberto foi de neve fria,/e enfim converte em choro o doce canto.//E, afora este mudar-se cada dia,/outra mudança faz de mor espanto:/que não se muda já como soía".

Olham com olhos no chão.
Falam com falas macias.
Não são alegres nem tristes.
São apenas como são
todos os dias.

E as belas meninas pardas,
estudam muito, muitos anos.
Só estudam muito. Mais nada.
Que o resto, traz desenganos...

Sabem muito escolarmente.
Sabem pouco humanamente.

Nos passeios de domingo,
andam sempre bem trajadas.
Direitinhas. Aprumadas.
Não conhecem o sabor que tem uma gargalhada
(Parece mal rir na rua!...)

E nunca viram a lua,
Debruçada sobre o rio,
às duas da madrugada.

Sabem muito escolarmente.
Sabem pouco humanamente.

E desejam, sobretudo, um casamento decente...

O mais, são histórias perdidas...
Pois que importam outras vidas?...
outras raças?..., outros mundos?
que importam outras meninas,
felizes, ou desgraçadas?!...

As belas meninas pardas,
dão boas mães de família,
e merecem ser estimadas...[4]

Alda Lara trouxe ao mundo uma poesia crítica angolana que se preocupava com a luta contra a dominação portuguesa e com a aprendizagem real, que era muito mais do que saber escolarmente: era preciso saber humanamente. E humanamente uma menina parda é credora de um direito maior do que simplesmente o de um bom casamento. Direito a dar gargalhada e a perceber o sabor que isso tem. Direito a ver a Lua, até mesmo de madrugada.

A amizade transcende o sentimento de uma pessoa por outra pessoa. Ela abrange o conceito de nação. O amigo não imagina que um povo ou uma raça ou um grupo qualquer, por atitudes diferentes – ora, são todos diferentes! – sofram qualquer tipo de discriminação ou sanção. Era o que Montesquieu chamava de "gênio das nações", em seu livro *Considerações sobre a causa da grandeza dos romanos e da sua decadência*, de 1734, esse caráter coletivo que distingue um povo de outro.

4. Lara, Alda. *Poemas*. Série Biblioteca de Literatura Angolana. Salvador: Maianga, 2004.

Faz-se mister insistir na tese de que não há um cidadão de primeira classe e um de segunda ou qualquer outra classe. Esse conceito precisa estar impregnado, entranhado, vívido, em quem se diz civilizado. E esse é um desafio essencial. Pais e professores que partilham dessa idéia, feita direito fundamental por numerosos documentos internacionais, incluindo a Constituição Federal de 1988, ajudam a construir uma infância com valores corretos. A nossa carta maior estabelece, no inciso IV do artigo 3º que é objetivo fundamental da República Federativa do Brasil "promover o bem de todos, sem preconceitos de origem, raça, sexo, cor, idade e quaisquer outras formas de discriminação".

E vai além. No início do artigo 5º, assevera: "Todos são iguais perante a lei, sem distinção de qualquer natureza".

Esses valores não são negociáveis nem podem ser negligenciados ou esquecidos.

Há muitas informações que vão sendo oferecidas aos alunos e, aos poucos, descartadas. Isso faz parte do desenvolvimento cognitivo. Ninguém é capaz de memorizar tudo o que aprendeu desde sempre. Datas são esquecidas, assim também nomes, lugares, fórmulas. Conteúdos específicos, se não forem utilizados, ficam armazenados em algum lugar do cérebro, e não têm mais relevância. Quantas são as informações decoradas para concursos e vestibulares, quase todas descartadas pouco tempo depois! Exatamente por isso é preciso fazer que valores essenciais tenham lugar de destaque na aprendizagem. A postura correta diante do outro. O respeito à convivência. Nada disso pode ficar na mesma estante mental de uma fórmula que não mais se irá usar.

Cada pessoa tem um fluxo de vivências, isto é, um conjunto de histórias que vão compondo o mosaico de suas atitudes. Nenhum comportamento surge do nada. Nenhuma atitude agressiva ou destrutiva nasce de um instante. São, sim, o resultado de experiências dolorosas que vão se somando e que degringolam quando menos se imagina. Os traumas nascem assim. Pequenos delitos cometidos por educadores – educador não é somente o professor, mas também o pai e a mãe – mesmo que não seja por mal, semeiam inferioridades. Dessa forma nascem também os grandes sonhos. De conversas ouvidas e de histórias vividas. De referenciais.

Todo mundo tem histórias de sofrimento e histórias de felicidade. Neste livro, há exemplos de sucesso e de fracasso. Histórias de vida, de dor e de superação utilizadas para ajudar a compreender a beleza da amizade como antídoto para o *bullying*. Algumas aconteceram comigo. Nem todas foram de sucesso ou de amizade. Também tive professores que, talvez sem perceber, causaram-me tristezas.

Era ainda criança quando uma professora lançou esta frase, dita tantas vezes, em tantos lugares, para tantas pessoas: *Você nunca vai ser ninguém na vida, menino*. Isso porque ela queria que eu denunciasse alguém que fez alguma coisa de que eu nem me lembro. Acho que eu não tinha visto. Não sei. Eu era muito pequeno; a história eu esqueci, a frase não. Ou ainda outro professor que, num ensaio de coral, disse que o pior não era o fato de eu cantar mal, era o fato de eu cantar mal e alto. Meus colegas riram de mim e eu também ri, para não ficar chato. Chorei por dentro.

Mas, como a vida não é feita somente de dores, resolvi inserir neste livro narrativas de pessoas que, com grandeza de alma, me ajudaram a ser quem sou. Por isso, homenageio, neste livro, algumas das pessoas que contribuíram para a formação do meu caráter. Sem dúvida, os primeiros foram meus pais. Sobre eles já escrevi diversas vezes. Meu pai era um homem generoso por excelência. Aprendi muito com ele. Duas de suas virtudes são inesquecíveis: a simplicidade e a ternura. Com minha mãe ainda aprendo. No seu colo ainda ouço histórias que me lembram do amor concreto, puro, gratuito, eterno.

Na cidade em que eu morava, Cachoeira Paulista, interior do estado de São Paulo, havia um asilo perto da minha casa. Eu freqüentava diariamente esse asilo porque gostava de ouvir histórias, em especial as de uma professora aposentada de nome Ermelinda. Ficava fascinado pela forma com que ela falava. Eu não conhecia muitos termos, até porque, para uma criança de 5 ou 6 anos, palavras como *baldeação*, *pernóstico*, *avatar* e *plêiade* não têm muito significado. Mesmo assim eu aprendia e repetia, mesmo sem conhecer direito o sentido. Lembro-me de uma conversa com minha mãe, mais ou menos assim:

– Aonde você vai, menino?

– Vou ao banheiro, mas antes vou fazer uma *baldeação* na cozinha!

Dona Ermelinda ensinava-me porque era minha amiga. Tinha o sorriso dócil de quem compartilhava, de quem experimentava uma espécie de cumplicidade pelo sucesso alheio. Contava-me histórias, ricas histórias da literatura universal. Mais tarde, passou a emprestar-me livros. Alguns difíceis para minha idade, mas eram os que ela possuía. E eu era seu amigo. Fazia-lhe companhia. Ria das suas graças e não tinha pressa de ir embora. Era amigo porque não tinha preguiça de surpreendê-la com bilhetes bobos de gratidão. Com ela tomei gosto pela leitura em voz alta: Ermelinda foi perdendo a visão e eu lia histórias, que ela já sabia, mas queria saborear de novo. Éramos educadores os dois. Quando eu percebia que ela estava cansada, dava uma desculpa qualquer e ia embora. Era preciso respeitar o seu tempo. E ela respeitava o meu. Aos poucos me incentivou a escrever – e a escrever com emoção. Seus filhos a abandonaram ali. Eu a adotei. Éramos amigos. Em um Natal, quando eu quis lhe dar algum presente diferente, ela declinou dizendo que eu dava coisas demais e ela nem tinha tempo para usar tudo. Insisti; ela então pediu:

– Convença meus filhos a vir me ver, pelo menos no Natal. Faz tanto tempo que os vejo só por fotografia! Coitados, são tão ocupados, não fazem por mal.

E com os olhos marejados deu-me um longo abraço. Abraço de mãe sem filhos. Abraço de mãe com filho. Eu estava ali.

Era mãe de dois filhos. Que percalços os fizeram negar a própria raiz? Que insensibilidade, que ingratidão de quem, mesmo com motivos – não sei se tinham –, fizera abandonarem quem lhes trouxe a vida!

Helena Porto de Barros Gomes. Era assim que minha professora do antigo primário gostava de ser chamada. Nome inteiro, em respeito aos pais e ao marido. Era elegante; vestia-se com esmero para a sala de aula. Morava em uma casa cheia de árvores. Cumprimentava as pessoas de maneira educada. Para mim, era a mulher mais linda que existia. Todas as sextas-feiras contava-nos histórias. E escondia o final. Ficávamos ali, ávidos por conhecer o desfecho. Não havia internet para pesquisar rapidamente, nem tínhamos os livros em casa para saber o que aconteceria no final de *Negrinha*, de Monteiro Lobato.

Começava ela:

Negrinha era uma pobre órfã de sete anos. Preta? Não; fusca, mulatinha escura, de cabelos ruços e olhos assustados.

Nascera na senzala, de mãe escrava, e seus primeiros anos vivera-os pelos cantos escuros da cozinha, sobre velha esteira e trapos imundos. Sempre escondida, que a patroa não gostava de crianças.

[...]

Assim cresceu Negrinha – magra, atrofiada, com os olhos eternamente assustados. Órfã aos quatro anos, por ali ficou feito gato sem dono, levada a pontapés. Não compreendia a idéia dos grandes. Batiam-lhe sempre, por ação ou omissão. A mesma coisa, o mesmo ato, a mesma palavra provocava ora risadas, ora castigos. Aprendeu a andar, mas quase não andava. Com pretextos de que às soltas reinaria no quintal, estragando as plantas, a boa senhora punha-a na sala, ao pé de si, num desvão da porta.

– Sentadinha aí, e bico, hein?[5]

Interrompia. E, para nossa decepção, avisava: o resto da história vai ficar para a semana seguinte. O resultado de sua técnica era prodigioso. Espicaçava a nossa curiosidade, e mal podíamos esperar a aula seguinte, quando ela continuaria a história. Algumas vezes, os mais curiosos iam procurar o livro

5. Lobato, Monteiro. *Negrinha*. 30. ed. São Paulo: Brasiliense, 1994.

em bibliotecas para ler em casa, para conhecer mais profundamente aquilo de que a professora só mostrara a superfície.

De *Alice no País das Maravilhas*, de Lewis Carroll, a professora Helena narrava:

> *Alice começava a enfadar-se de estar sentada no barranco junto à irmã e não ter nada que fazer: uma ou duas vezes espiara furtivamente o livro que ela estava lendo, mas não tinha figuras nem diálogos, "e de que serve um livro" – pensou Alice – "sem figuras nem diálogos?".*
>
> *Assim meditava, ponderando (tanto quanto podia, pois o calor a deixava sonolenta e entorpecida) se o prazer de tecer uma grinalda de margaridas valeria o esforço de levantar e colher as flores, quando de súbito um coelho Branco de olhos róseos passou perto dela.*
>
> *Não havia nada de tão notável nisso; nem Alice achou tão extraordinário ouvir o Coelho murmurar para si mesmo: – Ai meu Deus! Ai meu Deus! Vou chegar muito atrasado! – (quando pensou nisso bem mais tarde, ocorreu-lhe que devia ter se espantado; na hora pareceu-lhe muito natural). Mas quando o Coelho tirou um relógio do bolso do colete e deu uma espiada, apressando-se em seguida, Alice levantou-se sem demora, pois assaltou-a a idéia de que jamais vira na sua vida um coelho de colete e bolso, e muito menos com relógio dentro. Ardendo de curiosidade, correu atrás do Coelho campo afora, chegando justamente a tempo de vê-lo enfiar-se numa grande toca sob a cerca.*

Logo depois Alice entrou atrás dele, sem pensar sequer em como sairia dali outra vez.[6]

E, de repente, a professora Helena trazia o livro para junto do peito e suspirava como em um ritual. E nós olhávamos aquela representação teatral. A história fascinava, e ela também. Éramos amigos. Sua cumplicidade era, de fato, uma relação de ensino e aprendizagem. Queria bem a todos. Íamos buscar a continuação da história nos livros, ávidos de curiosidade e de encantamento. Acredito que, nesses encontros, naquela escola pública de Cachoeira Paulista, eu tenha decidido ser professor.

Conheci Ruth Guimarães, a bruxa boa, quando eu era ainda adolescente. Escritora conhecida internacionalmente, é a única brasileira a ter merecido um verbete na *Encyclopédie française de la plêiade*, uma das mais importantes publicações do mundo sobre autores da literatura. Eu ia à sua chácara para jogar conversa fora. Gostava do jeito como ela sentava embaixo de uma mangueira ou de uma figueira, não me lembro bem, em frente a uma velha máquina de escrever, dando vida às suas histórias. Li *Água funda*, um de seus célebres romances, muitas vezes. Grifava as palavras bonitas e os trechos que eu considerava marcantes e os repetia. E de repente eu estava ali, vendo-a escrever. Sem pressa. Ela perguntava se eu queria alguma coisa. Eu dizia que não. Que queria ficar apenas ali observando. Era gostoso ouvir a sonoridade da velha máquina.

---

6. Carroll, Lewis. *Alice no País das Maravilhas*. 9. ed. São Paulo: Summus, 1980. p. 41.

Eu podia jurar que a expressão da escritora mudava quando os dedos atingiam as teclas e as histórias iam se desenvolvendo. Acabava uma página e ela retirava, colocando outra, e eu lia e relia e ficava mergulhado na magia que era dizer coisas comuns de uma forma poética. A linguagem é muito mais rica do que podemos imaginar. Essas coisas ela não me dizia com ar professoral. Eram conversas, "acontecências".

De repente aparecia alguém batendo palmas e pedindo um pouco de não sei o que à dona Ruth. Quando relembro a cena, vejo-me num filme bucólico. Era feijão que ela emprestava ou um pouco de mandioca. Sorriso no rosto, pergunta qualquer sobre a família e pronto. A interrupção não lhe retirava o universo mágico das letras que iam ganhando forma.

Às vezes minha mãe perguntava que tanto eu ia ao asilo e que tanto eu ia visitar a escritora Ruth Guimarães. Eu respondia o que vinha à cabeça. Ela não sabia que éramos de fato amigos e que eu, tal qual Alice, quando penetrava nesses universos, conhecia mundos misteriosos. Tanto Ermelinda quanto Ruth leram meus primeiros livros. Ermelinda leu pela minha voz – já não tinha olhos para ler – e Ruth rabiscava sem economias, nem nas palavras nem na atenção. Que educadora é essa mulher! Não poucas vezes sonhei escrever igual a ela, e lhe dizia isso. Ela respondia com um sorriso terno. Ruth Guimarães, minha amiga.

Olga de Sá foi minha professora no primeiro ano da faculdade de Filosofia. Nunca me esqueci da primeira aula. Ela entrou, cumprimentou a todos e começou a desfilar, um a um, pensadores que trataram a questão da liberdade. Em pouco mais de uma hora saboreamos toda a história da filosofia em pílulas de sedução. Era só a introdução, mas ela queria fazer de nós pessoas apaixonadas pelo tema, como é fundamental a um professor. Instigados, tornamo-nos leitores. Foi um ano profícuo, aquele. E eu a reencontrei depois. Frustrado com as dificuldades de jovem que chegou prematuramente ao mestrado, foi a ela que confessei meus dissabores. Ela me ouvia, pacientemente. Eu queria resolver tudo de uma vez e ela tentava me ensinar a beleza de contemplar cada paisagem a seu tempo. Com ela fui aprendendo a saborear a arte do cinema, a viajar pelo universo dos significados e dos significantes. O filme era bom, mas o jantar que vinha depois era melhor. Aos poucos, ela, sem exibicionismo, perguntava-me uma ou outra coisa sobre o filme. Eu dizia. Ela concordava para não me agredir, e depois cuidadosamente ia apresentando uma lupa para que eu entendesse as entrelinhas do que era necessário. Com ela ia a exposições, a peças de teatro, ao mundo fascinante da arte. Sem pressa. Com a conversa necessária para que amigos contemplassem a vida e a si mesmos. Foi minha orientadora em um dos doutorados – em Comunicação e Semiótica. Que precisão! Que docilidade! Ainda hoje, quando oriento meus alunos, lembro-me de que é possível ser assertivo sem ser amargo.

Todas essas mulheres me protegeram. Foram e são amigas. Há amigos homens também. Muitos. Mas vou deixá-los para outro momento.

Ainda sobre as mulheres. Quantas eu conheci quando fui Secretário de Educação do Estado de São Paulo, no governo de Geraldo Alckmin! Uma das experiências mais generosas da minha vida como educador. Cada escola que eu visitava era um novo aprendizado. Mulheres e homens incríveis que, em meio a tantas dificuldades, conseguiam fazer o que compete a um educador: estimular o desejo de voar e apresentar sem dogmatismos nem ceticismos os caminhos para que as asas sejam criadas.

Uma das metáforas mais universais sobre asas é a que nos deu Ovídio, um dos grandes contadores de história da humanidade. Ele conta que Dédalo deu asas ao filho Ícaro.

Banido de Atenas por um crime de morte, Dédalo foi viver exilado na ilha de Creta, com o filho, servindo ao rei Minos. Era o melhor, o mais engenhoso e o mais célebre dos inventores da Grécia antiga. Criou um labirinto, onde foi encerrado o Minotauro, o monstro mitológico. Mas o labirinto se mostrou falível quando o herói Teseu matou o Minotauro e conseguiu escapar daquele local considerado inexpugnável. Decepcionado e furioso, o rei Minos atirou Dédalo e Ícaro numa prisão. Durante anos, a obsessão do inventor foi a liberdade. Estudou e estudou, buscando encontrar um meio de fugir dali. Enfim, concebeu um plano e dedicou-se à arte de imitar os pássaros. Coletou penas que pássaros de variadas espécies deixavam cair ao voar acima da prisão e as dispôs por tamanho. Começou pelas menores, pondo-as nas extremidades de uma armação, colocando ao lado as maiores e mais longas, em seqüência, como se formasse uma flauta de Pã. Atou as penas com o linho mais robusto, mantendo-as unidas com cera de abelha coletada lentamente, ao longo dos anos. Muito tempo esteve Dédalo a cuidar desse aparato, observando a ergonomia dos pássaros para não errar na inclinação nem na curvatura.

Enfim, os pares de asas ficaram prontos. Com tiras de couro macio de novilhos, atou-as aos próprios ombros e aos ombros de Ícaro, orientando-o sobre como usá-las. Durante algum tempo praticaram os movimentos, de maneira que o moço soubesse o que fazer. E, a todo momento, o inventor alertava: "Filho, mantenha altura prudente. Não voe muito baixo, ou a proximidade da água umedecerá as penas, fazendo-as pesadas demais. Não suba demais, ou o Sol derreterá a cera que une as penas".[7]

Do alto de um rochedo, desferiram vôo, afinal, e tudo saiu como planejado. Voaram por muitos quilômetros, afastando-se não apenas da ilha aziaga, mas também da própria condição humana. Tornaram-se quase semideuses, primos dos pássaros, libertos e livres. Não fosse... não fosse a soberba que tomou conta do coração de Ícaro. Ele se sentiu mais poderoso que o pai, dono do próprio destino, e em seu peito desapareceu a humildade e, com ela, a prudência. Passou a revoar para cima e para baixo, em lances de inimaginável atrevimento. O pai advertiu, lamuriou-se, pediu, mas tudo foi em vão. Ícaro, o arrogante, elevou-se demais no céu e o Sol inclemente amoleceu a cera que prendia as penas de pássaros à armação engenhosa das asas. Num instante de desatenção, Dédalo perdeu de vista o filho. Quando se voltou para procurá-lo, encontrou, boiando sobre as águas, apenas um punhado de penas.

Dédalo, embora tenha agido de boa-fé e de boa vontade ao fabricar as asas para que seu filho pudesse voar, errou ao

---

7. Ovídio. *A arte de amar.* São Paulo: Martin Claret, 2003. (Dédalo e Ícaro: II.)

não ensiná-lo a fazer as próprias asas. Talvez, se o próprio Ícaro tivesse construído suas asas, sob a orientação do pai, não cismasse em voar tão perto do Sol. O final trágico deveu-se à imprudência de Ícaro ou à sua incapacidade de escutar o pai. A cera com que as asas foram feitas não podia ficar nem muito perto do mar nem muito perto do Sol. Isso Ícaro ouviu, mas não acreditou com a alma. O educador não faz em nome do aluno. Faz o aluno fazer em seu próprio nome. Ícaro não construiu sua identidade. Apenas se valeu do esforço do pai. O amor que protege deve ser o mesmo que liberta. Não pode a águia voar por seus filhotes. Pode ensiná-los. Protegê-los. Alimentá-los. E depois orientá-los para que se alimentem sozinhos. Estará por perto, no início. Depois, o mundo será a escola.

Usei esses testemunhos de minha convivência com algumas educadoras apenas para ilustrar o que significa a amizade no processo educativo. Sou amigo até hoje de todas elas. Dona Ermelinda, infelizmente, já faleceu. Visitei-a até seus últimos dias de vida e agradeci seu incentivo. Com Olga de Sá e Ruth Guimarães continuo a conversar sobre a vida, sobre os livros, sobre a humanidade. No início de junho de 2008 tive a honra de votar no nome de Ruth Guimarães para uma vaga na Academia Paulista de Letras. Eu, seu aprendiz, a recebo como minha confreira. Com Helena, nas poucas vezes que nos vemos – ela se encontra mais com minha mãe, moram perto –, trocamos ternura. Fui protegido por essas grandes educadoras, como sou hoje por tantas amigas e tantos amigos que comungam dos mesmos ideais.

Os amigos são diferentes, pois cada pessoa é única. Entender essa realidade já é um exercício fascinante para compreender a natureza humana e assim conseguir conviver na diferença. Há quem diga que os amigos são aqueles com os quais podemos contar nos momentos mais difíceis da vida. Talvez isso não seja tão difícil para quem tem bom caráter. O mais nobre, para um amigo, é estar ao lado do outro quando este faz muito sucesso, sem ter inveja. A inveja é um sentimento mesquinho que aprisiona e faz mal. É ainda pior que a cobiça. O que o invejoso quer não é apenas o que o outro tem; quer que o outro não tenha. É alguém mais velho que ambiciona a juventude alheia. É alguém mais baixo que ambiciona a altura do outro, ou o contrário. É quem não teve filhos e não compartilha a felicidade do amigo que vai ser pai. Sentimento perverso, o da inveja, que leva à maledicência e à destruição. De igual ordem é a avareza, um pecado contra si mesmo. Mesquinho é aquele que não divide nem usufrui aquilo que conseguiu angariar. Sofre com medo de perder o que conquistou. De dono, torna-se escravo. O avarento faz economia até no afeto. E por isso é extremamente solitário.

No fluxo de vivências, o que sentimos repercute na forma como tratamos o outro. A amizade é um sentimento que perpassa ações e reações. Quando se é amigo, cada gesto é cuidadoso para que o outro não se sinta diminuído. Aristóteles dizia que os gracejos de uma pessoa polida diferem dos gracejos de uma pessoa vulgar. Mesmo nas brincadeiras – e como elas são necessárias! –, os amigos devem saber o que significa respeito. As reações também precisam ser pensadas. Isso não mata a espontaneidade entre os pares, mas, ao contrário, faz que se preserve e se proteja a pessoa amada. Sim, porque a amizade também é uma forma de amor.

Epicuro, filósofo grego que viveu entre 341 e 270 a.C., em uma de suas obras que chegaram até nós, *Sentenças principais e sentenças vaticanas*, nos dá algumas lições sobre a amizade.

> *A amizade avança dançando à volta do mundo, proclamando a todos nós a necessidade de louvarmos a vida feliz.*
>
> *De todos os bens que a sabedoria nos faculta como meio de obter a nossa felicidade, o da amizade é de longe o maior.*
>
> *Toda amizade deve ser procurada como um bem válido em si mesmo, ainda que na sua origem esteja a utilidade.*
>
> *Não é amigo quem busca a utilidade, nem quem se recusa a associar a amizade à ajuda, porque um procura o tráfico da recompensa e o outro destrói o laço de confiança.*
>
> *Não é tanto a ajuda dos nossos amigos que nos conforta, mas o confiante saber de que eles nos ajudarão.*

Na literatura latina, Cícero deixou o *Diálogo sobre a amizade*. E Petrônio incluiu no texto *Satiricon* (publicado no ano 66 da nossa era) uma definição de amigo:

> *Árbitro das nossas idéias, sentimentos e opções, o amigo não adula: acompanha; o amigo não é irônico: aconselha; o amigo é profundamente cumpridor da sua palavra, do seu compromisso com a pessoa definida dentro do processo de Amizade. O amigo não mente, não engana, não deita fora: vê, ouve e cala e apenas diz se for perguntado.*

Um pensador da filosofia patrística[8] que escreveu mensagens comoventes sobre a amizade foi Santo Agostinho. Em seu livro *Confissões* traz algumas das mais carinhosas páginas sobre a amizade ao relatar algumas de suas experiências:

> *Nem os bosques amenos, nem os jogos e cantos, nem os lugares suavemente perfumados, nem os banquetes suntuosos, nem os prazeres da alcova e do leito, nem, tampouco, os livros e versos podiam disfarçar a amargura do amigo que havia perdido. Tudo me causava horror, até a própria luz.*
>
> *Os meus olhos buscavam por toda a parte o amigo que a morte me levara, e o mundo não mo devolvia. Cheguei a odiar todas as coisas, porque nada o continha, e ninguém mais me podia dizer como antes, ao chegar depois de uma ausência: "Aí vem ele!".*
>
> *A alma não me obedecia, e com razão, porque para mim, era mais real e melhor o amigo querido que perdera do que o fantasma que mandava que tivesse resignação.*
>
> *O que mais me confortava e alegrava eram sobretudo as consolações de outros amigos, com os quais partilhava o amor por aquilo que amava em Teu lugar.*
>
> *Ama-se de tal modo os amigos que a consciência se julga culpada se não é capaz de amar aquele que ama, ou se não procura retribuir o amor com amor, e apenas procura na pessoa do amigo o sinal exterior da sua benevolência.*[9]

---

8. De acordo com o *Dicionário eletrônico Houaiss da língua portuguesa*, patrística é uma filosofia cristã dos primeiros cinco séculos depois de Cristo que adotava conceitos de filosofia grega para combater o ceticismo e o paganismo. (N.E.)
9. Agostinho, Santo. *Confissões*. 2. ed. São Paulo: Paulus, 1997.

Raissa Maritain, esposa do filósofo Jacques Maritain, descobriu o pensamento de São Tomás de Aquino e escreveu um belo livro chamado *As grandes amizades*.[10] Raissa argumenta que, num mundo marcado pela desconfiança, o exemplo desse doutor da Igreja é algo que funciona como compensação moral, porque ele considera que toda a vida cristã está subordinada ao conceito da amizade de Deus. Exercitando a amizade, diz São Tomás de Aquino, o homem cresce em virtude e em sabedoria.

Na literatura contemporânea, há este bonito excerto do livro *Este é meu credo*, do escritor mexicano Carlos Fuentes, dedicado à amizade:

> *Aquilo que não temos, encontramos no amigo. Acredito nesse benefício e o cultivo desde a infância. Nisso, não sou diferente da maioria dos seres humanos. A amizade é o grande elo inicial entre o lar e o mundo. O lar feliz ou infeliz é a aula de nossa sabedoria original, mas a amizade é a sua prova. O que recebemos da família, confirmamos na amizade. As variações, discrepâncias ou semelhanças entre a família e os amigos determinam as rotas contraditórias de nossa vida. Embora amemos nosso lar, todos passamos pelo momento inquieto ou instável do abandono (embora o amemos, embora nele permaneçamos). O abandono do lar só tem a recompensa da amizade. Mais ainda: sem a amizade externa, a morada interna desmoronaria. A amizade não disputa com a família os inícios da vida: ela os confirma, garante e prolonga. A ami-*

10. Maritain, Raissa. *Diário de Raissa*. Rio de Janeiro: Agir, 1951.

zade abre caminho aos sentimentos que só podem crescer fora do lar. Encerrados na casa da família, murchariam como flores sem água. Aberta as portas da casa, descobrimos formas de amor que irmanam o lar e o mundo. Essas formas se chamam amizades.[11]

Caetano Veloso diz, na letra-poema da canção "Língua", que "a poesia está para a prosa/assim como o amor/está para a amizade. E quem há de negar/que esta lhe é superior?".

O amor é o mais nobre de todos os sentimentos. O amor nos impulsiona a vencer o ostracismo das descrenças, incluindo nossa descrença em nós mesmos.

Em "Tabacaria", Fernando Pessoa, pela voz de seu heterônimo Álvaro de Campos, fala sobre isso:

Não sou nada.
Nunca serei nada.
Não posso querer ser nada.
À parte isso, tenho em mim todos os sonhos do mundo.
[...]
Falhei em tudo.
Como não fiz propósito nenhum, talvez tudo fosse nada.
A aprendizagem que me deram,
Desci pela janela das traseiras da casa...
[...]

---

11. Carlos Fuentes ganhou, em 1987, o Prêmio Miguel de Cervantes, o mais importante reconhecimento literário a escritores de língua espanhola. Seu livro sobre a amizade, cujo título original é *En esto creo*, é de 2002 e foi publicado no Brasil com o título *Este é meu credo* em 2006, pela editora Rocco.

Gênio? Neste momento
Cem mil cérebros se concebem em sonho gênios como eu,
E a história não marcará, quem sabe?, nem um,
Nem haverá senão estrume de tantas conquistas futuras.
Não, não creio em mim.
Em todos os manicômios há doidos malucos com tantas certezas!
[...]
Fiz de mim o que não soube,
E o que podia fazer de mim não o fiz.
O dominó que vesti era errado.
Conheceram-me logo por quem não era e não desmenti, e perdi-me.

Quando quis tirar a máscara,
Estava pegada à cara.
Quando a tirei e me vi ao espelho,
Já tinha envelhecido.
Estava bêbado, já não sabia vestir o dominó que não tinha tirado
[...][12]

É importante ressaltar alguns trechos do poema que se tornam essenciais para a compreensão de sentimentos que são comuns a todas as pessoas. *Não creio em mim* é quase uma repetição cotidiana. *Falhei em tudo*. Sinto e não sinto isso. Há momentos em que as vitórias se escondem, porque o que surge é apenas saudade. E o difícil é quando nem se sabe do que

12. Pessoa, Fernando. *O guardador de rebanhos e outros poemas*. São Paulo: Cultrix, 1988.

se tem saudade. O começo de "Tabacaria" é muito significativo. Apesar de não ser nada, diz o autor ter em si todos os sonhos do mundo. É com esse universo dual que os educadores trabalham. É com esse universo dual que os amigos trabalham. Os mesmos alunos que teimam não ter talento sonham, mesmo sem perceber. Os mesmos amigos que de quando em vez se entregam a lamúrias acreditam em outro porvir. Seriam máquinas as pessoas, se todas elas, em todos os momentos, tivessem as mesmas reações. Se todas elas, em todos os momentos, agissem de forma previsível. Nem nós nos conhecemos, quanto mais aos outros.

A amizade protege quando compreende. Os sonhos do mundo estão aí. Podem ser sonhados ou desprezados. Ao educador compete essa viagem tênue pela dor e pelo amor. Pelo olhar cúmplice, que é capaz de dar sentido ao que parecia perdido. O educador não desiste diante da aparente impossibilidade do educando de aprender ou diante da apatia ou de outro elemento adverso. O educador não desiste porque, acima de tudo, é amigo. É a amizade que impulsiona o caminhar juntos. Naturalmente, o educador é um amigo mais experiente, é referencial, mas é sempre um amigo. Pequenos gestos se convertem em grandes ensinamentos. E um pouco do que semeiam os educadores sempre fica, principalmente o que toca a alma.

Não sei donde vim, não sei quem sou, não sei para onde vou. Sei apenas que anoiteço com mundos fantásticos girando em mim.

Paulo Bomfim, *in O colecionador de minutos*

Capítulo 2

Educação – simplicidade na complexidade

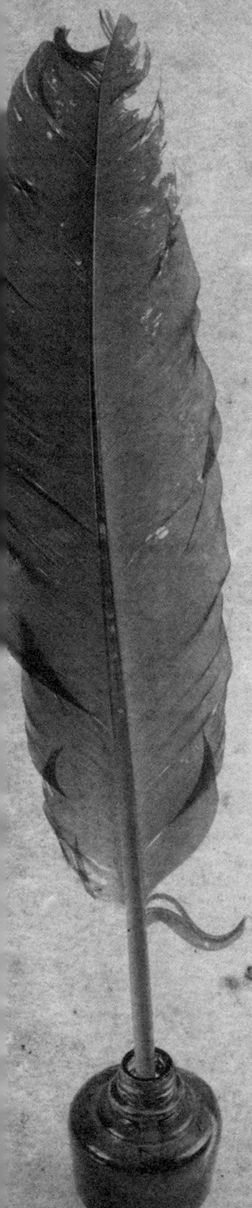

Ando devagar porque já tive pressa
E levo esse sorriso porque já chorei demais
Hoje me sinto mais forte, mais feliz, quem sabe
Só levo a certeza de que muito pouco eu sei
Eu nada sei
[...]
Cada um de nós compõe a sua história
E cada ser em si carrega o dom de ser capaz
De ser feliz

Almir Sater e Renato Teixeira, *Tocando em frente*

A educação é arte do coração. Essa frase não é nova. Nem sei quem foi o primeiro a dizê-la. Mas está na essência de Sócrates e está no fundamento de Dom Bosco. Sócrates instigava os jovens de seu tempo a colocar para fora o potencial que tinham. Era como um "parto de idéias". Dom Bosco, o jovem padre italiano, queria mostrar o quanto era importante aos jovens que não apenas fossem amados, mas que se *sentissem* amados.

O termo educação deriva do vocábulo latino *educare*, que significa criar, nutrir, amamentar, cuidar, ensinar. Porém o termo tem relação estreita com a forma verbal latina *duco*, que quer dizer conduzir. Por exemplo, o lema do município de São Paulo, inscrito em sua bandeira: *Non ducor, duco* ("Não sou conduzido, conduzo"). Além disso, educar também está ligado a *educere*, verbo composto do prefixo *ex* (fora) e *ducere* (conduzir, levar), que significa, ao pé da letra, "conduzir para fora", isto é, preparar a pessoa para viver no mundo, fora de seu universo individual.

Percebe-se, com isso, que educação, já na origem da palavra, é algo mais complexo do que pode parecer à primeira vista. Está sempre ligada ao conceito de permitir ao ser humano que ele seja, que realize, que aconteça, que tenha atitude. Em outras palavras, instrumentalizá-lo, ou, ainda mais, instigá-lo para que consiga desenvolver seu potencial. Para isso é preciso que o educador acredite que seu aprendiz tem potencial. Desconsiderar a bagagem que cada pessoa traz é um equívoco de quem não se predispõe a conhecer o universo alheio. Não é possível ajudar alguém a ser condutor e não conduzido sem antes conhecê-lo, sem antes perceber as limitações e as amarras que o impedem de caminhar com os próprios pés.

Se preciso, o aprendiz saberá levantar de uma queda, moral ou profissional, individual ou familiar, porque aprendeu a fazê-lo. Foi preparado para que, durante a travessia, não fuja ao sinal da primeira ventania nem se lance com temeridade em busca do perigo. O educador deve buscar o sonhado meio-termo aristotélico, sabendo que não será fácil; prevenia o estagirita[13] sobre o fato de que, tal como um arqueiro, na vida é possível errar de muitas maneiras, mas acertar o centro é para aqueles que foram educados. Na época, a educação era restrita aos poucos que freqüentavam a Ágora ou o Liceu. O desafio hoje é atingir a todos, sem distinção. É isso o que reza o artigo 205 da Constituição Federal de 1988:

> *A educação, direito de todos e dever do Estado e da família, será promovida e incentivada com a colaboração da sociedade, visando ao pleno desenvolvimento da pessoa, seu preparo para o exercício da cidadania e sua qualificação para o mercado de trabalho.*

13. Natural de Estagira, na Macedônia, terra natal de Aristóteles.

A tarefa afigura-se monumental, complexa. Direito de todos. Todos não são alguns. Mesmo aqueles que perdem alguns direitos em virtude de crime ou de ato infracional têm direito à educação. Mesmo os filhos de imigrantes que vivem ilegalmente no Brasil têm direito à educação. Quem vive em palafitas, em casebres tem direito à educação. Os moradores de aldeias indígenas têm direto à educação – com a preservação da etnia e da cultura, apanágio da identidade. Esses e outros tantos têm direito não apenas à educação, mas a uma educação de qualidade, que não traumatiza, liberta. Que não apequena, agiganta.

Esse é um universo rico e ao mesmo tempo penoso de ser trabalhado. Existe, entretanto, uma forma de superar essa dificuldade: agir com a maior simplicidade possível. Nisto reside a sabedoria: tratar coisas complicadas de maneira simples. Uma explicação direta, criativa e sobretudo competente para uma complicada fórmula matemática, por exemplo, pode significar o encantamento pela matéria, o que talvez até mude a direção de uma vida.

E qual é o segredo? É a amizade. Porque a amizade simplifica as coisas, direciona o relacionamento entre pais e filhos e entre professores e aprendizes para o afeto.

Separar processo educativo de afeto é mais ingênuo do que acreditar no poder do afeto para mudar comportamentos e gerar aprendizagem. É preciso dizer isso, porque há muitos que apregoam ser ingênuo querer acreditar que o professor, com tantos dissabores, haverá de ser afetuoso. Mas se não o for, não será educador.

Há arenas diferentes em que as lutas devem ser travadas. A luta pela valorização profissional ou salarial de um professor ou a luta pela melhoria da qualidade da escola pública ou particular não pode interferir na dinâmica da sala de aula. Assim como os pais não podem reduzir sua família a um palco de lamentações pelos baixos salários e excessos de problemas. Isso não significa que não devam ser sinceros os amigos – pais são amigos, assim como os professores. Entretanto, é em nome dessa mesma amizade que se precisa educar. A monotonia do discurso monocórdio não leva a nada. Em salas de aula, percebi professores exauridos – poucos, felizmente – usando os alunos como platéia de um drama sem fim. Gastam o tempo sagrado da relação lamentando pelo que podia ter sido. Pais fazem o mesmo. Revezam o tempo de assistir à televisão com o tempo de reclamações e muitas vezes de agressões covardes contra os filhos. E o lar é, ou pelo menos deveria ser, um espaço sagrado em que os filhos podem conviver de maneira harmoniosa.

Muitas vezes, nos encontros casuais, as pessoas usam máscaras, até porque nem sempre há disposição ou tempo para ser inteiro com todas as pessoas. Em casa, o processo é diferente. A sinceridade deve permear as relações. Se os filhos ou os pais não têm disposição de voltar para casa, se preferem ficar na rua para não ser incomodados, algo de estranho deve estar acontecendo com a relação familiar, e isso pode destruir o espaço que deveria ser de prazer e de aconchego. Os ânimos alterados colaboram para isso. A palavra é um instrumental que, quando utilizado de modo comedido, no tom certo, com o tempero certo, edifica; do contrário, pode destruir.

A vida tem seus dissabores. E em todas as profissões existem altos e baixos. Transformar o professor em vítima não ajuda na valorização do magistério. As famílias também têm, todas elas, seus problemas. Se, por um lado, não há possibilidade de desenvolvimento sem a convivência, a convivência é complexa porque envolve pessoas complexas. Temos sentimentos. Somos motores em movimento, ensinava Aristóteles. Somos insatisfeitos. Queremos e não queremos. Lutamos, conseguimos, enjoamos, desprezamos as conquistas, passamos a querer outras. Reclamamos. Sonhamos. Desistimos de sonhar. Agredimos a nós mesmos porque não nos satisfazemos. E por não nos satisfazermos não alcançamos a felicidade.

Nossa infelicidade gera relações de infelicidade. Cobramos do outro o que ele não é capaz de nos dar. Vivemos, de expectativa em expectativa, sonhando com filhos perfeitos ou pais perfeitos ou alunos perfeitos ou professores perfeitos. E de perfeição em perfeição não alcançada – por mais óbvio que seja dizer isso, perfeição não há! – vamos tornando-nos pessoas insuportáveis. Aos outros e a nós mesmos. Isso decorre da complexidade humana. Não somos robôs. Humanos nós somos e, por decorrência, imprevisíveis. Não controlamos sequer o que pensamos – como seria bom se pudéssemos esquecer algumas coisas...

Certa vez, em uma aula sobre a história dos sentimentos, o tema paixão não correspondida veio à baila, e um aluno lamentou não ter poder sobre os próprios sentimentos. Como alguém que vivera trinta anos sem conhecer uma determinada mulher agora não conseguia imaginar a vida sem ela? Esse aluno reclamava de não ter nenhum instante de serenidade. O pensamento era todo focado no que poderia ter acontecido, no fato de ter perdido a alma gêmea, de ter deixado partir a grande oportunidade de felicidade. E dizia isso com a coragem de quem não teme demonstrar os próprios sentimentos.

– Por quê? Por que tenho de passar por isso? – reclamava.

Quando lhe diziam ser o tempo o melhor remédio, ele retrucava:

– E eu posso saber então o dia que vou deixar de pensar nela e voltar a ter uma vida normal? Quando? Que dia? Como faço para apressar isso?

A cura das dores originadas da perda de afetos não é tão simples. Para quem está de fora, alguns sentimentos podem parecer exagerados. Não são. Há emoções realmente dolorosas, e entre elas talvez a da perda seja a mais forte. Talvez sofra-mos mais por nós mesmos do que por aquele que se foi. Não importa. Havia um buraco interno que o outro cobria. E agora está aberto de novo. Na teoria, basta dizer que o correto é não esperar que o outro preencha o vazio, mas tomar a iniciativa e fazer, cada um, por si mesmo. No entanto, não é tão simples assim.

É nessa complexidade de emoções, frustrações, carências, medos, abandonos que o educador trabalha. Não existe homogeneidade no processo educativo. Cada aluno é único, portanto diferente. Um professor, quando entra em uma sala de aula, tem de saber que ali desfilam universos muito diferentes. E tem de saber estimular cada um desses universos. Naquele espaço há pessoas com traumas, com medos, com inseguranças; há aquelas tomadas por um vulcão de emoções e problemas cujas lavas enfeiam em vez de enfeitar a vida, queimam quando deveriam aquecer. Essas diferenças não significam que o professor não seja bom. O auditório é que é complexo.

Um professor trabalha, em seu cotidiano, com a arte do convencimento ou o universo da retórica. Tem de convencer, de emocionar, de mover os seus alunos. Na relação entre pais e filhos, isso também ocorre. Não importa que o auditório seja de um, dois ou trinta, o desafio é recorrente: ajudar a mudar comportamentos, quando necessário; a sedimentar valores, sempre.

Segundo a retórica aristotélica, a comunicação dá-se em três vertentes: *éthos*, *páthos* e *lógos.*

Éthos é a credibilidade de quem diz alguma coisa a alguém. Em outras palavras, é a virtude do orador. Seus costumes devem ser exemplares para que seu discurso não seja encarado como demagógico. É preciso viver o que dizia Quintiliano:

> *A retórica é a ciência do bem-dizer, pois isso reúne ao mesmo tempo todas as perfeições do discurso e a própria moralidade do orador, uma vez que não se pode verdadeiramente falar bem sem ser um homem de bem.*[14]

Em termos educacionais, salta aos olhos a admiração que os pais ou os professores causam nos filhos ou alunos quando há coerência entre discurso e ação. No universo da sala de aula, é comum os alunos se lembrarem dos professores muito mais pela forma como agiam, seus gestos e atitudes, do que pelo conteúdo da matéria que ensinavam.

---

14. Apud MONROE, Paul. *História da educação*. São Paulo: Companhia Editora Nacional, 1969. Marcus Fabius Quintiliano foi filólogo e professor de retórica na Roma antiga. Viveu entre os anos 35 e 96. Sua obra mais famosa é *De institutione oratoria*, publicada em doze volumes.

Páthos é o auditório. É o poder do encantamento. O auditório pode ser até mesmo de uma única pessoa. *Páthos* é o ponto fraco. É o que movimenta o auditório depois da intervenção do orador. A triste história de uma mãe que perdeu o único filho e todos os dias arrumava o quarto esperando-o chegar para dormir, se for contada da maneira certa, com a pausa certa, tem grande possibilidade de emocionar o auditório, que há de se identificar com ela. Embora diferentes, todos os ouvintes nasceram de uma mulher e todos têm alguma relação com mulheres que também são mães. A imagem da perda é dolorosa. Atos de atrocidade que comovem toda uma nação também chocam o auditório. Poemas de poetas consagrados, bem declamados, têm o poder de sensibilizar. A poesia alimenta a alma. O professor precisa conseguir tocar no *ponto fraco* do aluno para incentivá-lo. Assim também com os pais. Eles têm de saber "quando" e "o que" falar. Adolescente, por exemplo, não se comove com conselhos, contudo sensibiliza-se com o sofrimento alheio.

Há numerosas experiências bem-sucedidas de mudança de comportamento quando um adolescente começa, por causa da ação da família ou da escola, a fazer um trabalho voluntário. Isso porque o universo dele se amplia diante da história alheia. Aquela menina cujo maior problema era o cabelo, que não ficava como ela queria, entra num universo completamente diferente quando vê a luta pela vida de uma criança com câncer, por exemplo. Quem tudo tem sente-se chocado quando conhece uma realidade diversa do espaço em que foi criado. Não é prudente que os pais criem seus filhos em redomas, protegidos do mundo. Antigamente, alguns pais cuidavam para que os filhos, mais especificamente as filhas, ficassem guardados em casa, protegidos de cortejadores. Hoje em dia, há pais que preferem que seus filhos não saiam de condomínios murados e distantes da realidade. É até compreensível. É digno de louvor ver a preocupação que têm os pais para que nada, nem ninguém, destrua o bem mais precioso que possuem. Entretanto, é preciso um meio-termo. Proteger é diferente de esconder. Colocá-lo em contato com as adversidades humanas poderá ajudar a formar com mais eficiência sua habilidade social. Ninguém será um bom profissional sem solidariedade, sem respeito pelo sofrimento alheio e, mais do que isso, sem disposição para construir um espaço melhor de convivência humana. Não se esconde o filho do mundo nem o mundo do filho.

Lógos é a razão. O que deve ser dito. O conteúdo. Evidentemente, o conteúdo só será efetivo se o orador conhecer as técnicas de linguagem, se trabalhar bem o movimento das mãos, o olhar, o tom, a respiração, as pausas – e como as pausas são importantes no processo retórico! Se o orador conhece tudo isso e não conspurca o discurso com vícios e "muletas" de linguagem, tem mais facilidade de convencer e mover o auditório. Mas, reforçando, além desses aspectos formais da oralidade, o orador precisa de conteúdo adequado. Aí está o *lógos*, o repertório. Além de saber *como* dizer, é preciso saber *o que* dizer.

Infelizmente, há numerosas pesquisas que demonstram que a maioria dos professores lê pouco. Isso é muito problemático. Um professor que não é leitor dificilmente fará com que seus alunos sejam leitores, porque o universo do livro não o fascinou. O professor que lê mais tem maior repertório e, em conseqüência, maior facilidade de lidar com situações adversas e de mudar o rumo da aula. E todo educador tem de saber improvisar, porque os alunos – como todos nós – não são previsíveis. O conteúdo é necessário e deve ser aberto. De pouco adianta um conhecimento específico se não há elementos comparativos para compor a aprendizagem do aluno. O educador deve transitar com competência pela matriz curricular. É claro que ninguém precisa saber tudo, mas os princípios, as premissas, têm de estar presentes em quem quer educar com eficiência.

Alguns estudiosos privilegiam uma vertente do universo da comunicação de Aristóteles em detrimento das outras. Acredito que o correto é colocá-las juntas. O orador, o auditório e a linguagem são igualmente importantes. Em outras palavras, os pais, os filhos e o que precisa ser ensinado; ou os professores, os alunos e o que precisa ser ensinado. A ordem também pode ser filhos/alunos, pais/professores e o que precisa ser ensinado. Afinal, naturalmente, os filhos têm muito que ensinar, assim como os alunos. Em qualquer ordem, é preciso que se estabeleça uma aprendizagem significativa. Que as tramas das relações humanas privilegiem a aprendizagem e não o contrário. Toda pessoa é capaz de aprender e de ensinar.

Em tempos informacionais, esse desafio é ainda maior porque a capacidade de concentração é menor. Vive-se na era do controle remoto, em que as informações são rápidas e o professor tem o desafio de manter a atenção dos alunos por horas seguidas. E ele só conseguirá isso se tiver uma nova postura didática. Há aqueles que se aborrecem com o comportamento dos alunos. Mas por mais que os alunos queiram prestar atenção, chega um ponto em que não conseguem. E isso não é distúrbio de atenção ou hiperatividade – aliás, há hoje uma prática incorreta de estigmatizar o aluno com diagnósticos feitos por quem não tem autoridade para isso.

O mundo da rapidez, da velocidade, da complexidade não facilita a concentração em um só assunto por muito tempo. Isso não é bom nem ruim. É fato. É por isso que as faculdades precisam preparar os professores para esse novo perfil de aluno. E amanhã terá de preparar professores para outro perfil de aluno, porque o mundo muda, o ambiente muda e as condições mudam também. Os dirigentes educacionais precisam estar atentos para ajudar os professores que estão em sala de aula a melhorarem as estratégias didáticas, a fim de terem eficiência no processo de ensino-aprendizagem. Será assim, sucessivamente. Não há monotonia no mundo da informação, porque tudo é sempre muito novo. Este é um dos grandes desafios do mestre, e também pode se tornar um imenso prazer profissional e pessoal. Cada vez que o educador se supera na arte de instigar seu aluno e percebe neste a evolução, a segurança, o abandono de preconceitos, o vôo de liberdade, as demonstrações de coragem, ele encontra a recompensa. É por isso, e é para isso, que alguém diz sim à arte de educar!

Outro aspecto fundamental envolvido na educação moderna é que, nestes tempos informacionais em que tudo é tecnológico, o educador não pode negar-se aos novos mecanismos de pesquisa. Não pode fingir que não conhece as novas tecnologias ou se recusar a dar esse tipo de instrumental ao aluno. Compete ao educador buscar elementos que prendam a atenção do aluno e que o despertem para a transformação.

O fazer também está ligado a essa nova pedagogia. O aluno tem de fazer, tem de realizar projetos. Mesmo que sejam atividades aparentemente banais, como cozinhar, cuidar da higiene, manter o ambiente limpo e organizado, reutilizar materiais criando peças de artesanato etc. O aluno deve fazer. Ao fazer, trabalha com sua auto-estima. Ele constrói o cenário de uma peça de teatro porque tem de resolver um problema: construir um cenário apenas com o material que tem à disposição, mais sua criatividade. O aluno prepara uma receita com ingredientes improvisados e modestos – até para talvez ensinar pessoas mais carentes a elaborar pratos nutritivos com poucos recursos. São dois exemplos de atividades que ensinam, basicamente, a lidar com um problema de maneira fácil e despojada, simplificando o que parece difícil. Isso ajuda a mudar o foco. Trata-se de uma digressão. O raciocínio, cansado de fórmulas teóricas, atua em outra direção. Teoria e prática precisam ocupar, juntas, o espaço da aprendizagem.

Resolver problemas é um desafio interessante que deve ser trabalhado desde os primeiros ciclos da aprendizagem. Entretanto, o professor deve se preparar para o fato de que, eventualmente, o resultado dessas soluções poderá ser diferente do que ele havia planejado, senão sua postura pode comprometer a autonomia e a criatividade dos alunos. Parece simples, todavia há quem complique. Infelizmente, na faculdade que o professor cursou, ele não aprendeu a trabalhar com problemas e acaba sendo muito mais um facilitador, um solucionador de dúvidas – que muitas vezes nem despertam tanto interesse nos alunos – do que um instigador ou um problematizador.

O conceito do fazer não deve estar dissociado do conteúdo. O aluno pesquisa o conteúdo para encontrar elementos que ajudem a resolver os problemas. Transformar o aluno em um pesquisador é essencial – e para o aluno motivado, curioso, o mais difícil dos problemas pode ter soluções de extrema simplicidade. O importante não é necessariamente o que ele retém na sala de aula, mas o que ele busca depois. É como o cheiro de comida para despertar a fome. O toque da curiosidade semeada para que os aprendizes tenham desejo de ir buscar o que os satisfaça. Não deve o educador entregar tudo para não sufocar – criança que ganha brinquedo demais não tem relação afetiva com nenhum deles, não valoriza nenhum. E, ao mesmo tempo, não deve esperar que, sozinho, o aluno realize os progressos necessários. Nem toda a tecnologia será capaz de substituir o professor. O professor tem alma. E é disso que o aluno precisa. De cumplicidade. De amizade.

Novamente vamos lembrar Gabriela Mistral, num poema que sintetiza essa cumplicidade, esse caminhar de educador e aprendiz, juntos:

Dame la mano y danzaremos;
dame la mano y me amarás.
Como una sola flor seremos,
como una flor, y nada más...
El mismo verso cantaremos,
al mismo paso bailarás.
Como una espiga ondularemos,
como una espiga, y nada más.
Te llamas Rosa y yo Esperanza;
pero tu nombre olvidarás,
porque seremos una danza en la colina,
y nada más...[15]

---

15. Mistral, Gabriela. *Tala, poemas.* 9. ed. Buenos Aires: Editorial Losada, 1938. Tradução nossa: "Dá-me a mão e dançaremos;/dá-me a mão e me amarás./Como uma só flor seremos,/como uma flor, nada mais.../O mesmo verso cantaremos,/ao mesmo passo bailarás./Como uma espiga ondularemos,/como uma espiga, nada mais./Chamas-te Rosa e eu Esperança;/mas seu nome olvidarás,/porque seremos uma dança na colina,/e nada mais...".

Jesus Cristo foi o maior educador da história. Independentemente de crenças religiosas, sua figura de orador era capaz de fascinar qualquer auditório. Mesmo sendo um homem sabidamente culto e preparado, Jesus conseguia dizer coisas complexas com profunda simplicidade.

Seu principal recurso era a parábola. O vocábulo origina-se do verbo grego da primeira declinação *parabolé* (παραβολ), que quer dizer "atirar para o lado" e é de onde deriva o nosso termo *palavra*. Ou seja, é uma história que coloca uma coisa conhecida ao lado de outra desconhecida com o propósito de ensinar pela comparação dos sentidos. Conta-se o que se conhece, com o propósito de entender o que não se conhece. É, basicamente, ensinar pela curiosidade.

Parábola é uma narrativa alegórica (aquela em que a linguagem tem sentido figurado, metafórico). Geralmente muito curta, quase sempre com caráter religioso. Os elementos da parábola pertencem ao universo dos ouvintes, mas ela pode ser fictícia ou verdadeira. O narrador fala do ambiente deles, do trabalho, da rotina, do cotidiano. E, apesar de ser uma narrativa de sentido figurado, conotativo, é usada para nos fazer entender os procedimentos e as atitudes das pessoas.

Existem outros recursos tão eficazes como a parábola.

Um deles é o *apólogo*, que coloca como personagens seres inanimados que ganham vida, geralmente para ilustrar lições de sabedoria, e é mais profundo e complexo do que a parábola. Há o famoso apólogo da agulha e da linha, de Machado de Assis. Observem a simplicidade da narrativa e, ao mesmo tempo, a profundidade da mensagem, que pode ensejar produtivas discussões em sala de aula:

Era uma vez uma agulha, que disse a um novelo de linha:

– Por que está você com esse ar, toda cheia de si, toda enrolada, para fingir que vale alguma cousa neste mundo?

– Deixe-me, senhora.

– Que a deixe? Que a deixe, por quê? Porque lhe digo que está com um ar insuportável? Repito que sim, e falarei sempre que me der na cabeça.

– Que cabeça, senhora? A senhora não é alfinete, é agulha. Agulha não tem cabeça. Que lhe importa o meu ar? Cada qual tem o ar que Deus lhe deu. Importe-se com a sua vida e deixe a dos outros.

– Mas você é orgulhosa.

– Decerto que sou.

– Mas por quê?

– É boa! Porque coso. Então os vestidos e enfeites de nossa ama, quem é que os cose, senão eu?

– Você? Esta agora é melhor. Você é que os cose? Você ignora que quem os cose sou eu e muito eu?

– Você fura o pano, nada mais; eu é que coso, prendo um pedaço ao outro, dou feição aos babados...

– Sim, mas que vale isso? Eu é que furo o pano, vou adiante, puxando por você, que vem atrás obedecendo ao que eu faço e mando...

– Também os batedores vão adiante do imperador.

– Você é imperador?

– Não digo isso. Mas a verdade é que você faz um papel subalterno, indo adiante; vai só mostrando o caminho, vai fazendo o trabalho obscuro e ínfimo. Eu é que prendo, ligo, ajunto...

Estavam nisto, quando a costureira chegou à casa da baronesa. Não sei se disse que isto se passava em casa de uma baronesa, que tinha a modista ao pé de si, para não andar atrás dela. Chegou a costureira, pegou do pano, pegou da agulha, pegou da linha, enfiou a linha na agulha, e entrou a coser. Uma e outra iam andando orgulhosas, pelo pano adiante, que era a melhor das sedas, entre os dedos da costureira, ágeis como os galgos de Diana – para dar a isto uma cor poética. E dizia a agulha:

– Então, senhora linha, ainda teima no que dizia há pouco? Não repara que esta distinta costureira só se importa comigo; eu é que vou aqui entre os dedos dela, unidinha a eles, furando abaixo e acima...

A linha não respondia; ia andando. Buraco aberto pela agulha era logo enchido por ela, silenciosa e ativa, como quem sabe o que faz, e não está para ouvir palavras loucas. A agulha, vendo que ela não lhe dava resposta, calou-se também, e foi andando. E era tudo silêncio na saleta de costura; não se ouvia mais que o plic-plic-plic-plic da agulha no pano. Caindo o sol, a costureira dobrou a costura, para o dia seguinte. Continuou ainda nesse e no outro, até que no quarto acabou a obra, e ficou esperando o baile.

Veio a noite do baile, e a baronesa vestiu-se. A costureira, que a ajudou a vestir-se, levava a agulha espetada no corpinho, para dar algum ponto necessário. E enquanto compunha o vestido da bela dama, e puxava de um lado ou outro, arregaçava daqui ou dali, alisando, abotoando, acolchetando, a linha, para mofar da agulha, perguntou-lhe:

– Ora, agora, diga-me, quem é que vai ao baile, no corpo da baronesa, fazendo parte do vestido e da elegância? Quem é

que vai dançar com ministros e diplomatas, enquanto você volta para a caixinha da costureira, antes de ir para o balaio das mucamas? Vamos, diga lá.

Parece que a agulha não disse nada; mas um alfinete, de cabeça grande e não menor experiência, murmurou à pobre agulha:

– Anda, aprende, tola. Cansas-te em abrir caminho para ela e ela é que vai gozar da vida, enquanto aí ficas na caixinha de costura. Faze como eu, que não abro caminho para ninguém. Onde me espetam, fico.

Contei esta história a um professor de melancolia, que me disse, abanando a cabeça:

– Também eu tenho servido de agulha a muita linha ordinária![16]

Há outros apólogos famosos, como os de Miguel de Cervantes (*Colóquio de los perros* – [Colóquio dos cachorros]). O mesmo Cervantes que, pela força narrativa de seu personagem Dom Quixote, disse isto: "Não me despertes se eu sonho".

A parábola também tem parentesco com a *fábula*, só que nesta os personagens geralmente são animais que ganham inteligência para trazer ensinamentos morais. As fábulas são narrativas curtas, muitas vezes bem-humoradas e com vínculo forte com o cotidiano. São contadas em linguagem simples, pois pretendem atingir também as camadas populares. Sua mensagem contém conselhos sobre os valores da civilização e

16. Assis, Machado de. *Um apólogo*. São Paulo: DCL, 2003. Este texto de Machado de Assis foi publicado pela primeira vez no jornal *Gazeta de Notícias*, no ano de 1885, sendo incluído, mais tarde, no livro *Várias histórias*, publicado em 1896.

terminam com um ensinamento de fundo moral. As fábulas povoam o imaginário de muitas crianças e adultos.

Vamos ver dois exemplos de fábula. A primeira é de Esopo:

O lobo e o cordeiro

Um lobo viu um cordeiro bebendo no rio e quis devorá-lo, apresentando um motivo bem fundamentado. Assim, colocou-se mais acima e depois o acusou de turvar a água e não permitir-lhe beber. O cordeiro disse que bebia com o extremo do lábio e, além disso, não era possível, do lado de baixo, turvar a água do lado de cima. O lobo, falhando na acusação, disse: "Mas no ano passado você injuriou meu pai". E quando o cordeiro respondeu que nessa época nem tinha nascido, o lobo disse: "Se você tem justificativas demais, não te comerei de menos".

Moral: Para aquele cujo propósito é injusto, nenhuma justificativa tem valor.[17]

O segundo exemplo é do fabulista francês Jean de La Fontaine:

Tendo a cigarra cantado durante o verão,
Apavorou-se com o frio da próxima estação.
Sem mosca ou verme para se alimentar,
Com fome, foi ver a formiga, sua vizinha,
Pedindo-lhe alguns grãos para agüentar
Até vir uma época mais quentinha!

---

17. As fábulas de Esopo chegaram até nós pelos escritos do monge bizantino Maximus Planudes, mas já existia uma coletânea na Biblioteca de Alexandria, no Egito, preparada por Demétrio de Falero (345-283).

"Eu lhe pagarei", disse ela,
"Antes do verão, palavra de animal,
Os juros e também o capital".
A formiga não gosta de emprestar,
É esse um de seus defeitos.
"O que você fazia no calor de outrora?",
Perguntou-lhe ela com certa esperteza.
"Noite e dia, eu cantava no meu posto,
Sem querer dar-lhe desgosto."
"Você cantava? Que beleza!
Pois, então, dance agora!"[18]

Colocadas as diferenças entre os recursos narrativos, vamos voltar às parábolas. Escolhemos esse gênero exatamente porque permite abordar temas complexos de um modo bem simples. A própria Bíblia registra o fato de que Jesus preferia o caminho das parábolas em seus ensinamentos. No capítulo 13 (versículos 1-3) do Evangelho de São Mateus há uma passagem assim:

Naquele dia, Jesus saiu de casa e sentou-se junto ao lago. Reuniu-se junto a ele uma grande multidão; por isso ele subiu a uma barca e sentou, enquanto a multidão estava de pé na margem. Explicou-lhes muitas coisas com parábolas.[19]

Por que Jesus sentava-se à beira do lago para falar com a multidão? Porque a sinagoga e o templo não lhe bastavam.

18. Fábulas de La Fontaine. Tradução do francês do poeta Manuel Maria Barbosa Du Bocage. Rio de Janeiro: Ed. Brasil-América – EBAL S. A., 1985.
19. Todas as parábolas bíblicas citadas neste capítulo foram retiradas de: Bíblia Sagrada. 33. ed. São Paulo: Ave-Maria, 1982.

Além disso, o povo estava nas ruas, nos campos, à beira do lago, e não nos templos e nas sinagogas – lá ficavam os doutores e os ricos. Jesus preferia ir até onde a multidão estava.

Tudo isso Jesus explicou à multidão com parábolas; e sem parábolas não lhes explicou nada. Assim se cumpriu o que anunciou o profeta: "Vou abrir a boca pronunciando parábolas, proferindo coisas ocultas desde a criação do mundo".

Vamos analisar algumas parábolas para observar como é rico em elementos pedagógicos esse recurso narrativo.

Parábola da ovelha perdida
(Evangelho de São Lucas, capítulo 15, versículos 3 a 6)

Então lhes propôs a seguinte parábola: "Quem de vós que, tendo cem ovelhas e perdendo uma delas, não deixa as noventa e nove no deserto e vai em busca da que se perdeu, até encontrá-la? E depois de encontrá-la põe-na nos ombros, cheio de júbilo, e, voltando para casa, reúne os amigos e vizinhos dizendo-lhes: Regozijai-vos comigo, achei a minha ovelha que se havia perdido".

A primeira coisa a ser observada nessa parábola é sua simplicidade. Todos os elementos presentes na narrativa pertencem ao universo dos ouvintes. Perceba-se que Jesus fala de ovelhas para pastores e para pessoas que bem conhecem o ofício de pastorear, e não há nada que seja mais pertinente ao seu mundo, à sua rotina. Ele entra num universo fundamentalmente rico para qualquer educador. Tal qual a ovelha perdida, cada aluno é único e merece uma atenção especial. Aqueles homens que entendiam da criação desses animais sabiam que, mesmo tendo o pastor muitas ovelhas, ele se lança em busca daquela que se perdeu. Isto é, ele não abandona uma ovelha porque as outras 99 ovelhas estão ali, à sua disposição. O professor não pode desistir de um aluno porque foi ao deserto do fracasso ou se perdeu. Perdeu-se por quê? Onde está a falha? Como corrigi-la?

E quanta alegria há no verdadeiro educador quando ele percebe os progressos empreendidos por alunos que aparentemente não tinham a menor possibilidade de acertar!

Há ainda outra questão importante nessa parábola, que é a voz do pastor. A ovelha que por qualquer motivo se perdeu não conseguirá voltar se tiver medo. E o pastor não haverá de encontrá-la. O aluno tem de confiar no professor. O medo em excesso paralisa. A ovelha fica paralisada quando não reconhece a voz afetuosa do pastor. O aluno tem de reconhecer essa voz. Como o filho ao pai ou à mãe.

Parábola do filho pródigo
(Evangelho de São Lucas, capítulo 15, versículos 11 a 32)

Um homem tinha dois filhos.

O mais moço disse a seu pai: "Dá-me a parte da herança que me toca". O pai então repartiu entre eles os haveres.

Poucos dias depois, ajuntando tudo o que lhe pertencia, partiu o filho mais moço para um país muito distante, e lá dissipou a sua fortuna, vivendo dissolutamente. Depois de ter esbanjado tudo, sobreveio àquela região uma grande fome, e ele começou a passar penúria.

Foi pôr-se ao serviço de um dos habitantes daquela região, que o mandou para os seus campos guardar os porcos. Desejava ele fartar-se das vagens que os porcos comiam, mas ninguém lhas dava.

Entrou então em si e refletiu: "Quantos empregados há na casa de meu pai, que têm pão em abundância... e eu, aqui, estou a morrer de fome! Levantar-me-ei, e irei a meu pai, e dir-lhe-ei: 'Meu pai, pequei contra o céu e contra ti. Já não sou digno de ser chamado teu filho; trata-me como um dos teus empregados'".

Levantou-se, pois, e foi ter com o seu pai. Estava ainda longe, quando seu pai o viu, e, movido de compaixão, correu-lhe ao encontro, lançou-se-lhe ao pescoço e o beijou.

O filho lhe disse então: "Meu pai, pequei contra o céu e contra ti; já não sou digno de ser chamado teu filho".

Mas o pai falou aos servos: "Trazei depressa a melhor veste e vesti-lha, e ponde um anel no dedo e calçado nos pés. Trazei também um novilho gordo e matai-o; comamos e façamos uma festa. Este meu filho estava morto, e reviveu; tinha-se perdido e foi achado". E começaram a festa.

O filho mais velho estava no campo. Ao voltar e aproximar-se da casa, ouviu a música e as danças. Chamou um servo e perguntou-lhe o que havia. Ele lhe explicou:

"Voltou teu irmão. E teu pai mandou matar um novilho gordo, porque o reencontrou são e salvo."

Encolerizou-se ele e não queria entrar; mas seu pai saiu e insistiu com ele. Ele, então, respondeu ao pai:

"Há tantos anos que te sirvo, sem jamais transgredir ordem alguma tua, e nunca me deste um cabrito, para festejar com os meus amigos. E agora, que voltou este teu filho, que

gastou os teus bens com as meretrizes, logo lhe mandas matar um novilho gordo."

Explicou-lhe o pai:

"Filho, tu estás sempre comigo, e tudo o que é meu é teu; convinha, porém, fazermos a festa, pois este teu irmão estava morto e reviveu, tinha-se perdido e foi achado."

Na análise que segue, podemos ter idéia da complexidade de que se reveste uma parábola, tão simples, aparentemente.

A narrativa é simbólica, como em todas as parábolas. Nesta, o pai pode ser Deus. É um homem próspero, generoso, amoroso e franco. É a imagem de Deus, como Jesus a revelava. Os dois filhos representam a humanidade, ou cada pessoa individualmente. O mais velho, na narrativa, parece um homem de bem. É obediente, honesto, leva vida regrada e está sempre ao lado do pai, sem nunca manifestar desejo de abandoná-lo. O outro filho, entretanto, é tentado a gastar tudo o que o pai amealhou. Como ganhou, de mão beijada, vida boa, cheia de prazeres, não conseguiu valorizar o que o pai conquistou. Pede-lhe a parte que é sua e vai embora. Dissipa toda a fortuna que recebe e fica sem nada. Há muitas formas de explicar o sentido dessa fortuna. Uma delas é considerar a fortuna como a própria vida. Esse é o maior presente que o Pai ou o pai dá aos filhos, mas há muitos que a desperdiçam em coisas fúteis que levam à escravidão. Nota-se que o jovem está sempre em busca de alguma coisa que o complete e, quando não encontra, corre sério risco de desperdiçar a vida em drogas ou em uma droga de vida, isto é, sem meta, sem tema, sem sonho. A parábola fala do desperdício que é mendigar, em searas alheias, o que existe em abundância em cada história humana.

A mensagem é simples e direta, embora seja um discurso dentro do discurso: Deus fica muito feliz quando um filho, que resolveu experimentar o vazio, o nada, volta para casa. Em outras palavras, aquele que durante um tempo viveu sem amor e, percebendo o vazio que toma conta de sua vida, agora quer de verdade amar. Aquele que tinha incompaixão para consigo e para com o outro, que julgava ser a tragédia humana uma necessidade e que encontra humildade suficiente para perceber o erro e voltar a estar com o Pai. Essa volta não é fácil. É preciso reconhecer que a liberdade não estava onde teimosamente foi colocada, parafraseando o poeta.[20] O desperdício dos bens ou da vida não é sinônimo de liberdade, mas sua ausência.

O Pai acolhe o filho que volta porque fez cada um dos seus filhos para que pudesse trilhar os caminhos da felicidade. E não seria Ele, a essência do amor, a negar o perdão para o filho que tenta se reencontrar.

Outro fato que salta aos olhos na parábola é a reação do filho mais velho. Reclama da festa com que o filho ingrato é recebido. Não entende por que ele, que sempre esteve ao lado do pai, não teve esse reconhecimento. Parece uma atitude de inveja ante o carinho dispensado ao filho pródigo. Mas talvez não seja essa a interpretação mais correta. Os filhos são diferentes, e o pai, na parábola, compreende isso. Já dissemos no primeiro capítulo deste livro que um dos elementos mais complicados na relação entre pais, filhos e irmãos é a comparação. Muitos pais querem que um irmão seja igual ao outro e, com

20. Vicente de Carvalho diz sobre a felicidade, no poema "Esperança": "porque está sempre apenas onde a pomos e nunca a pomos onde nós estamos". "Velho tema", parte I, *in Poemas e canções*. São Paulo: Saraiva, 1962.

isso, sem perceber, estimulam uma competição nada saudável. Lentamente, criam naquele que se sente inferiorizado uma dificuldade maior em seu desenvolvimento. Um filho não é mais inteligente do que o outro: as inteligências são diferentes, no entanto não há superioridade ou inferioridade entre elas. Os alunos também são assim. Há aqueles que se apresentam como rebeldes, cujo comportamento agride o educador.

Vale aqui uma reflexão necessária: o educador nunca deve brigar com o aluno. Nunca! Mesmo que tenha razão. Se o professor briga com o aluno, ele deixa de ser referencial.

O pai, na parábola do filho pródigo, pode até ter explicado ao filho, em outra ocasião, que ele deveria aprender com o desperdício que fez da própria vida até aquele momento. Mas, à chegada do filho, fez o que todo pai e todo educador deve fazer quando um aprendiz que estava perdido resolve se reencontrar: acolheu-o. Isso deve servir de exemplo aos pais, que, ante atitudes incorretas dos filhos, devem esperar o momento certo para falar, advertir, corrigir, sob o risco de a palavra não atingir seu objetivo. Uma criança que sobe em uma mesa, quebra o vidro e se machuca, antes da advertência precisa de cuidado. Depois do susto, o ensinamento na medida certa.

A tese da heterogeneidade do processo educativo já foi muito discutida, todavia é difícil de ser vivenciada. Por despreparo ou comodidade, vários educadores acabam inventando fórmulas e acreditando nelas. Decepcionam-se quando percebem que o que deu certo com uma turma foi insuficiente para outra. Isso porque acreditam na homogeneização. Aliás, as avaliações geralmente levam a esse erro. Quando se avalia conteúdo e não habilidades e competências, corre-se o risco de cometer injustiça contra os alunos. Inteligência não é sinônimo de capacidade de memorização de determinados dados. Inteligências múltiplas requerem avaliações múltiplas e inteligentes.

A parábola do filho pródigo é, como se vê, uma reflexão sobre os bens que recebemos e sobre a liberdade que temos para usá-los, desperdiçando-os ou não. Além disso, uma reflexão sobre o Pai, que é Deus e que nos perdoa sempre, por ser a essência do amor. E sobre cada pai ou professor, que deve se aproximar dessa essência, entendendo as diferenças que há entre aqueles que, com mais facilidade, entendem a própria história e aqueles que têm um tempo diferente para essa aprendizagem.

Parábola do semeador
(Evangelho de São Marcos, capítulo 4, versículos 2 a 20)

Jesus pôs-se novamente a ensinar, à beira do mar, e aglomerou-se junto dele tão grande multidão que ele teve de entrar numa barca, no mar, e toda a multidão ficou em terra, na praia. E ensinava-lhe muitas coisas em parábolas.

Dizia-lhes na sua doutrina:

"Ouvi. Saiu o semeador a semear. Enquanto lançava a semente, uma parte caiu à beira do caminho, e vieram as aves e a comeram. Outra parte caiu no pedregulho, onde não havia muita terra; o grão germinou logo, porque a terra não era profunda; mas, assim que o sol despontou, queimou-se e, como não tivesse raiz, secou. Outra parte caiu entre os espinhos; estes cresceram, sufocaram-na, e o grão não deu fruto. Outra caiu em terra boa e deu fruto, cresceu e desenvolveu-se; um grão rendeu trinta, outro sessenta e outro cem."

E dizia: "Quem tem ouvidos para ouvir, ouça".

Quem é o semeador? É a pessoa encarregada de espalhar a palavra, de orientar, de conduzir, de liderar, de ensinar. Que ensina usando a virtude do *éthos*, com credibilidade, garantindo que seus comentários sobre as coisas da vida sejam aceitos. O semeador é o pai, o educador.

O que é a semente? A semente é a palavra, o *lógos*, como acabamos de ver neste capítulo. O repertório. O conteúdo. *Semen est verbum Dei* (a semente é a palavra de Deus). A semente é tudo aquilo que foi pesquisado para ser discutido em sala de aula, de maneira que o aprendiz aperfeiçoe o pensamento e a razão crítica. É preciso escolher bem a semente e escolher a semente mais adequada para aquele solo específico.

E o que é o solo, a terra onde cai a semente? É o grupo de aprendizes, o auditório, as pessoas da sala de aula. É o *páthos*.

Não significa que alguns alunos sejam como terra infértil. Significa que o professor deve entender o momento certo de lançar a semente para que dê frutos. Saber o que falar, o momento de falar e como falar.

Há um equívoco em atribuir ao professor de Ética, de Cidadania ou de Filosofia a responsabilidade de ensinar os valores essenciais. Aos outros parece restar somente o conteúdo necessário para o conhecimento de Língua Portuguesa, Matemática, Física, Química etc. Não. A responsabilidade é geral. Todo professor é, ou deve ser, um semeador. Semeia conhecimentos e atitudes. Semeia técnicas e filosofias. Semeia competência e ternura.

Não há que esperar desse educador que saia dando conselhos e freqüentemente narrando histórias da sua vida pessoal para sensibilizar os aprendizes. A postura talvez tenha mais força do que as palavras. E os exemplos retirados dos livros e das notícias cotidianas talvez tenham mais força do que os conselhos repetidos que se transformam em nada. Sementes lançadas à beira do caminho. Isto é, sementes que não encontraram a alma dos aprendizes.

Um dos grandes oradores da nossa história foi o Padre Antônio Vieira. Era um educador e usava sermões para fixar ensinamentos de maneira indelével na alma dos ouvintes.

Em um de seus sermões, Vieira fala sobre os oradores que não utilizavam bem a palavra de Deus. O *Sermão da sexagésima* foi proferido na Capela Real de Lisboa, em março de 1655.[21]

O padre procurava, nesse discurso, provar que os cristãos não aumentavam em número, na época, porque os pregadores

---

21. O trecho final do sermão é este: "Enfim, para que os pregadores saibam como hão-de pregar e os ouvintes a quem hão-de ouvir, acabo com um exemplo do nosso Reino, e quase dos nossos tempos. Pregavam em Coimbra dois famosos pregadores, ambos bem conhecidos por seus escritos; não os nomeio, porque os hei-de desigualar. Altercou-se entre alguns doutores da Universidade qual dos dois fosse maior pregador; e como não há juízo sem inclinação, uns diziam este, outros, aquele. Mas um lente, que entre os mais tinha maior autoridade, concluiu desta maneira: 'Entre dois sujeitos tão grandes não me atrevo a interpor juízo; só direi uma diferença, que sempre experimento: quando ouço um, saio do sermão muito contente do pregador; quando ouço outro, saio muito descontente de mim'.
Com isto tenho acabado. [...] Estamos às portas da Quaresma, que é o tempo em que principalmente se semeia a palavra de Deus na Igreja, e em que ela se arma contra os vícios. Preguemos e armemo-nos todos contra os pecados, contra as soberbas, contra os ódios, contra as ambições, contra as invejas, contra as cobiças, contra as sensualidades. Veja o Céu que ainda tem na terra quem se põe da sua parte. Saiba o Inferno que ainda há na terra quem lhe faça guerra com a palavra de Deus, e saiba a mesma terra que ainda está em estado de reverdecer e dar muito fruto: *Et fecit fructum centuplum.*"

não eram competentes. Uma alusão que podemos trazer diretamente para os dias de hoje, comparando pregadores a professores, educadores e pais. É necessário haver a perfeita codificação da palavra, a perfeita escolha da linguagem, a perfeita sintonia do discurso.

E, de novo, não podemos nos esquecer da voz do educador. Precisa ser uma voz calma, ponderada, tranqüila. E amiga. Além, é claro, de ele ter de ser competente.

Há muitas outras parábolas que poderiam ser utilizadas como exemplo de simplicidade na complexidade. A parábola do joio e do trigo, que fala sobre o discernimento e a paciência. A parábola dos dois filhos, em que o primeiro diz "sim" e não faz, enquanto o segundo diz "não" e faz. A parábola dos convidados para a festa das bodas. A parábola dos talentos, que é um chamamento a todo ser humano para que não desperdice os próprios talentos. Primeiro, aliás, compete ao educador fazer o aprendiz acreditar que tem algum talento – quantos há que se perdem por não acreditarem em si mesmos! Depois, deve convencê-lo a não enterrar esses talentos.

Além das parábolas, as atitudes de Jesus são profundamente educativas. A forma como trata a mulher é revolucionária para aquele momento da história. Sua relação com os samaritanos, povo que era desprezado pelos judeus, mostra a ausência de preconceito. Aliás, também o fato de conviver com pessoas que eram consideradas pecadoras, como os cobradores de impostos ou a mulher que corria o risco de ser apedrejada. A ação de Jesus era profundamente educativa para aqueles homens que estavam ali. Ele não proibiu o apedrejamento nem o incentivou. Apenas constrangeu:

Quem de vós estiver sem pecado, seja o primeiro a lhe atirar uma pedra. (São João, Capítulo 8, versículos 8 a 11)

Com tudo isso, percebe-se o Seu grande legado, que é um legado de amor. O Seu maior mandamento é o Amor. Ele diz isso aos seus discípulos. E é o amor a Deus e ao próximo. Nos Seus milagres, Ele demonstra ter e sentir compaixão. Mesmo diante dos leprosos, considerados escória da sociedade por carregarem uma doença que era considerada um castigo. Jesus deles se aproxima e os cura. É a revolução do amor. E esse valor deve contagiar a atitude de quem educa.

O amor é paciente, o amor é bondoso. Não tem inveja. O amor não é orgulhoso. Não é arrogante. Nem escandaloso. Não busca os seus próprios interesses, não se irrita, não guarda rancor. Não se alegra com a injustiça, mas se rejubila com a verdade. Tudo desculpa, tudo crê, tudo espera, tudo suporta.
(I Coríntios, capítulo 13, versículos 4 a 7)

Capítulo 3

Bullying – questões conceituais

Eu sou a vela que acende
Eu sou a luz que se apaga
Eu sou a beira do abismo
Eu sou o tudo e o nada...

Raul Seixas, *Guita*

Na atualidade, as questões que envolvem o tema da violência nas escolas têm motivado numerosas discussões e reflexões de educadores de várias partes do mundo. Há um clima de perplexidade diante de atitudes cruéis que ferem diretamente um indivíduo porque, indiretamente, ferem a sociedade.

Num contínuo fluir de exigências ora pessoais, ora grupais, a escola é palco de conflitos de toda ordem. Para solucioná-los, nem sempre bastam os saberes e as habilidades armazenados pela experiência, pois o problema surge invariavelmente como algo inédito no âmbito da vida escolar – para aqueles considerados corriqueiros, o ineditismo fica por conta do contexto e das pessoas envolvidas.

Quando a pauta é violência escolar, visualizamos trocas de xingamentos, palavrões, provocações verbais, desrespeito com o material alheio, depredação do patrimônio escolar, ameaças dirigidas aos professores e agressões físicas, propriamente, entre alunos (e mais raramente de alunos contra professores e vice-versa), como chutes, tapas, beliscões etc. Contudo, aqui, o cerne da questão é ampliar os conhecimentos e sensibilizar para uma violência que é silenciada pelo medo e está presente, infelizmente, no mundo inteiro. Trata-se do *bullying*, uma forma intencional e repetitiva de atitudes agressivas dentro da escola.

A palavra *bullying* é um verbo derivado do adjetivo inglês *bully*, que significa valentão, tirano. É o termo que designa o hábito de usar a superioridade física para intimidar, tiranizar, amedrontar e humilhar outra pessoa. A terminologia é adotada por educadores, em vários países, para definir o uso de apelidos maldosos e toda forma de atos desumanos empregados para atemorizar, excluir, humilhar, desprezar, ignorar e perseguir os outros.

O fenômeno *bullying* não escolhe classe social ou econômica, escola pública ou privada, ensino fundamental ou médio, área rural ou urbana. Está presente em grupos de crianças e de jovens, em escolas de países e culturas diferentes.

Sem equivalência na língua portuguesa, adotamos, no Brasil, o termo inglês *bullying*, que na França chamam de *harcèlement quotidien*, na Itália de *prepotenza* ou mesmo de *bullismo*, no Japão de *ijime*, na Alemanha de *agressionen unter schülern* e em Portugal de *maus-tratos entre pares*. Muitos pesquisadores definem o fenômeno *bullying* como violência moral (uma adaptação do francês assédio moral).

Nas escolas, é um fenômeno complexo, muitas vezes banalizado e confundido com agressão e indisciplina. Exige observação atenta e presença constante, pois, normalmente, as vítimas são aterrorizadas em áreas da escola com pouca ou nenhuma supervisão. Estratégia premeditada, que contribui para que a vítima seja desacreditada. Ou que a ação desencoraje a vítima a falar da dor a outrem, ou que se passe muito tempo até que alguém perceba. Tempo suficiente para registrar a dor da agressão vivida, o medo, para abalar a auto-estima, os processos de aprendizagem e a construção/afirmação da identidade. Um tempo, muitas vezes, mais do que suficiente para que o caso se transforme em manchete de jornais.

Na escola, quem nunca foi "zoado" ou "zoou" alguém? Risadinhas, piadinhas, fofocas, apelidos. Todos nós, em algum momento de nossas vidas, testemunhamos essas brincadeiras de mau gosto, ou fomos autores ou vítimas. Contudo, essa rotina de xingamentos e ofensas, considerada normal por muitos pais, alunos e até educadores, está longe de ser inocente. O *bullying* é um comportamento ofensivo, aviltante, humilhante, que desmoraliza de maneira repetida, com ataques violentos, cruéis e maliciosos, sejam físicos, sejam psicológicos.

É um problema universal, uma epidemia invisível admitida como natural em alguns casos, desvalorizada em outros e, na maioria das vezes, ignorada.

Essa forma sutil de violência, que geralmente envolve colegas da mesma sala de aula, pode se constituir de maneira direta ou indireta.

O ***bullying*** **direto** é mais comum entre agressores meninos. As atitudes mais freqüentes identificadas nessa modalidade violenta são os xingamentos, tapas, empurrões, murros, chutes e apelidos ofensivos repetidos.

Carlos, um menino de 13 anos, não era considerado muito bom no futebol. Por ser obeso, não tinha velocidade nem fôlego para acompanhar as partidas e passou a ser motivo de chacota dos considerados "craques". Mesmo sob a supervisão de um professor, Carlos levava tapinhas na cabeça toda vez que perdia uma bola durante o jogo. Com o tempo, as agressões degradantes tornaram-se freqüentes e aconteciam mesmo sem o suposto motivo. Decidido a não mais participar das partidas, começou a ser chamado de "menininha" e de *gay* pelos colegas. De "gordo sujo", apelido que ganhou porque suava muito quando corria, passou a ser conhecido na escola por "gordinha fedida", o que motivava risadas debochadas de meninos e meninas. Por várias vezes, teve sua cueca puxada por trás, apertando sua genitália. Essa desmoralização se estendeu até o dia em que o menino saiu da escola. Dizem que a família saiu da cidade. Talvez Carlos nunca mais tenha jogado futebol. Talvez tenha emagrecido. Mas, certamente, carrega consigo as marcas desse período perverso de sua vida.

O ***bullying* indireto** é a forma mais comum entre o sexo feminino e crianças menores. Caracteriza-se basicamente por ações que levam a vítima ao isolamento social. As estratégias utilizadas são difamações, boatos cruéis, intrigas e fofocas, rumores degradantes sobre a vítima e familiares, entre outros. Os meios de comunicação costumam ser eficazes na prática do *bullying* indireto, pois propagam, com rapidez e dimensões incalculáveis, comentários cruéis e maliciosos sobre pessoas públicas. A perversidade virtual é conhecida como *cyberbullying* e realiza-se por meio de mensagens de correio eletrônico, torpedos, *blogs*, fotoblogs, e *sites* de relacionamento, sempre anonimamente.

Bianca, aos 13 anos, foi perseguida por uma colega de classe. A novidade é que ela e a tal colega costumavam andar juntas a ponto de freqüentarem, algumas vezes, uma a casa da outra. As agressões começaram quando Bianca começou a namorar um garoto de quem, pelo que tudo indica, sua colega gostava. Foi o princípio do pesadelo. Primeiro foram os rumores maliciosos, espalhados pela menina, de que Bianca era uma "galinha". Risadinhas de canto e sussurros a mantiveram isolada da turma. Até aí eram ofensas divulgadas somente na escola. Então começaram os *blogs* e os fotoblogs, com montagens de cenas eróticas em que o rosto de Bianca aparecia adicionado a um corpo nu e por vezes fazendo sexo. Em questão de uma semana, garotos e garotas das escolas da região já conheciam a fama de Bianca. Desesperada, sua mãe recorreu à escola, que disse não ter como impedir algo que extrapolou os muros da instituição. A mãe, então, decidiu ir à casa da menina difamadora e conversar com seus pais. Chocados com o que viram e ouviram, acolheram toda a dor e a angústia da família e prometeram tomar uma atitude, mesmo diante da filha, que negava a autoria das agressões. Dias depois, a menina foi à casa de Bianca se desculpar. Quanto ao namoro, não deu certo. Já a suposta amizade, também foi rompida. Colocadas em classes distintas nos anos seguintes, ambas passaram a se ignorar. Separadas pelo tempo, nunca mais se viram ou se encontraram. E quanto ao trauma, só o tempo será capaz de dizer. Certamente não foi agradável para Bianca ser destruída em sua integridade moral. Mesmo que a amiga tenha pedido desculpas, isso não apaga o trauma. Pedidos de desculpas são importantes, mas às vezes tardios.

É indispensável que se estabeleça uma parceria entre a escola e a família. Sobretudo, é preciso que pais e educadores tenham um olhar atento, amoroso e sensível, que propicie atitudes efetivas no acolhimento das angústias e dos medos. É fundamental que os adultos não neguem os fatos, nem se coloquem à parte dos acontecimentos, arriscando diagnósticos precipitados ou naturalizando tais “brincadeiras de mau gosto”.

O *bullying* nos faz conjeturar sobre nós mesmos, sobre os nossos pensamentos, sentimentos e atos. Reflexão que desperta para a responsabilidade que nos cabe pelos maus resultados colhidos e pelas tragédias registradas. Em muitas ocorrências, temos culpa, seja pela ação ou pela omissão, pela agressividade ou pela passividade, pelo barulho ou pelo silêncio, como protagonistas, vítimas ou testemunhas de atos violentos de qualquer natureza.

O mundo das crianças e dos jovens não é tão risonho quanto se pensa. A escola pode, sim, tornar-se um lugar constrangedor. Sob a roupagem de brincadeira de mau gosto, o fenômeno *bullying* invade silenciosamente os espaços escolares, furtando de crianças e jovens a possibilidade de sonhar. As experiências de dor, de angústia e de humilhação, vividas solitariamente, deixam cicatrizes e podem trazer graves conseqüências para os adultos que essas crianças serão.

Bom humor e brincadeiras são comuns na infância e na juventude e devem estar presentes em nossas vidas, mas a linha divisória entre as atitudes dessa natureza e o *bullying* por vezes é tênue. Um costume infeliz, ao ser ignorado e desvalorizado, torna-se um hábito desastroso. Obstar esse hábito exige conhecimento do fenômeno e do perfil dos personagens envolvidos. Mas a mudança principia com o profundo desejo e esforço ético revelados na ação de acolher sonhos, angústias e medos para proteger e transformar, amorosa e corajosamente, tantas vidas e reescrever um novo final para essa história.

São vários os personagens envolvidos em *bullyings*. Identificá-los é fundamental, mas com o cuidado de não rotular os estudantes, evitando que sejam estigmatizados pela comunidade escolar, o que também seria uma violência. Os participantes da violência dividem-se em agressores ou *bullies*, em vítimas ou alvos e espectadores ou testemunhas. Há também aqueles que são, ao mesmo tempo, vítimas e agressores.

Os **agressores**, normalmente, são alunos populares, que precisam de platéia para agir. Reconhecidos como valentões, oprimem e ameaçam suas vítimas por motivos banais, apenas para impor autoridade. Sentem-se realizados e reconhecidos com o feito. Mantêm um grupo em torno de si, com o qual dividem a responsabilidade e por quem se sentem apoiados e fortalecidos. Aqueles que gravitam ao redor do líder ou líderes também são considerados agressores.

Os autores muitas vezes se envolvem em situações antissociais e de risco, com drogas, álcool, tabaco e brigas. Apesar de não haver estudos conclusivos, cogita-se a possibilidade de que esses valentões, quando não orientados e supervisionados adequadamente, tornem-se adultos com comportamentos violentos e até mesmo criminosos.

Os *bullies*, sem motivação aparente, sistematicamente humilham e intimidam suas vítimas, podendo insultar ou acusar, depredar e destruir pertences pessoais, espalhar rumores negativos, depreciar, ameaçar, obrigando a seguir ordens, simular ocorrência para colocar a vítima em situação constrangedora com alguma autoridade, depreciar a família da vítima com comentários maldosos (particularmente a mãe), isolar, chantagear, ameaçar, fazer grafitagem depreciativa, usar tecnologias da informática para praticar o *cyberbullying*, criando páginas falsas na internet sobre a vítima. A desmoralização excessiva somada ao desequilíbrio de poder são características essenciais que fazem das vítimas reféns do medo.

O perfil familiar desses personagens também tem muito a dizer sobre o seu comportamento. Normalmente, pertencem a famílias nas quais o afeto é escasso, os pais não acompanham os filhos, deixando-os agir sem orientação ou supervisão. Diante dos conflitos, esses pais oferecem, em geral, como modelo, comportamento agressivo ou explosivo. Em se tratando de perfil familiar, este não é, certamente, um diagnóstico definitivo e conclusivo. Correríamos o risco de rotular famílias inteiras, imputando toda a culpabilidade do fenômeno *bullying* aos lares desprovidos de afeto. Mas, seguramente, a ausência do afeto e do acolhimento, no ambiente familiar ou escolar, é um fator que merece vigilância e intercessão. A ação do aluno tirano não se justifica isoladamente pela família empobrecida de afeto, ou pela escola omissa e depauperada de valores, nem, ainda, pelo grupo de amigos que fortalece e valoriza o agressor. A crueldade dos atos é fruto do somatório de todos esses componentes externos, que reforçam e nutrem tantos outros elementos internos, desencadeando a prática de atos agressivos contra outro ou outros.

As **vítimas** ou alvos do *bullying* são personagens escolhidos, sem motivo evidente, para sofrer ameaças, humilhações, intimidações. O comportamento, os hábitos, a maneira de se vestir, a falta de habilidade em algum esporte, a deficiência física ou aparência fora do padrão de beleza imposto pelo grupo, o sotaque, a gagueira, a raça podem ser motivos para a escolha de uma vítima.

Normalmente, os alvos dessa ação que violenta a alma são pouco sociáveis, inseguros, retraídos e de baixa auto-estima, características suficientes para roubar-lhes o desejo e a esperança de pertencer ao grupo. Muitas vezes não pedem ajuda, pois crêem que são merecedores desse sofrimento ou têm medo da retaliação. A dor e a angústia são prolongadas, e até incentivadas, pela falta de intervenção dos adultos. Prejudicados, sofrem as conseqüências de ações desumanas sem reagir. São vítimas silenciosas que não dispõem de recursos, habilidades ou *status* para fazer cessar ou impedir os atos danosos contra si mesmos. Sofrem calados e buscam cada vez mais o isolamento.

Os danos internos começam lentamente a se manifestar com o surgimento das conseqüências externas, que vão se tornando visíveis a pais e educadores. A dor e a angústia, vivenciadas solitariamente, destroem o encantamento pela escola e até pela vida. Do baixo rendimento escolar à resistência para ir à escola, os efeitos pioram na medida em que a intensidade e a regularidade das agressões vão evoluindo e se agravando. Os sintomas começam a se misturar com um forte desejo de autodestruição, de momentos de explosão e de vingança. Há jovens que, dominados por extrema depressão, acabam tentando ou cometendo o suicídio. Outros chegam a atos extremos, provocando outros tipos de tragédias pelo anseio de se vingar das humilhações vividas.

Os **espectadores** ou testemunhas são a grande maioria dos estudantes, que assiste à dinâmica da violência e aprende a conviver com ela ou a, simplesmente, escapar dela. São igualmente personagens desse pesadelo. Não interferem, não participam, mas também não acolhem a dor do outro, não defendem nem denunciam. Há estudos que comprovam que quando há intromissão de outras pessoas, que se manifestam em defesa das vítimas, os casos de intimidação se reduzem drasticamente.

Parte desse grupo de espectadores entende o *bullying* como normal. Talvez acreditem que alunos considerados esquisitos ou diferentes mereçam ser ridicularizados por outros. O que há de errado em chamar de gordo aquele que é realmente gordo? Ou apelidar de Orelhudo, Lerdo, Vareta, Anão de Jardim, Burro, Porco, Porco-Espinho ou coisas do tipo?

Mesmo os espectadores que não consideram essa ação moralmente aceitável – e, portanto, sentem-se incomodados com o ambiente marcado pela violação humana – não reagem por medo de represália e ficam felizes por não serem atingidos. Fazem da impotência um consolo. Afetados pelo ambiente contaminado, sentem-se culpados, carregando consigo essa sensação de culpa por toda a vida. Aprendem a ser omissos e passivos para se defender. O medo torna covardes muitos deles, os quais, na vida adulta, podem se transformar em cidadãos egoístas, que aceitam e até legitimam as injustiças sociais, desde que não tenham suas vidas atingidas diretamente. Omissos e acomodados, não protagonizam ações para a transformação pessoal e social.

Temos ainda os últimos personagens dessa tragédia. São as **vítimas-agressores**, que sofrem e, ao mesmo tempo, cometem atos violentos com outros. Jamais tiveram a oportunidade de aprender o sentido ético nas relações: "Não faça para o outro o que não deseja para você".

Não somos indiferentes ao *bullying*. Certamente, reconhecemos esses personagens em nós mesmos e nos outros. Em algum momento de nossa vida escolar, crianças ou jovens, já representamos algum ou alguns desses personagens. Talvez nem consigamos nos lembrar. Alguns espectadores se esquecem dos espetáculos – mas isso infelizmente não se dá tão facilmente com os que atuam no pólo passivo da agressão.

Luzia conta que seus filhos de 12 e 7 anos de idade não queriam mais ir à escola e não brincavam com nenhum colega. Mas a mãe só se deu conta de que havia algo errado quando as crianças a questionaram, perguntando se seriam mesmo seus filhos, visto que a mãe é branca e casada com um negro. Foi então que Luzia descobriu que seu filho caçula era chamado de Carvão pelos amigos. A professora, quando procurada pela mãe, disse que não havia muito que fazer em situações como aquela. E que as crianças estavam apenas brincando e, ainda, que em brincadeira de criança era bobagem intervir. Asseverou afinal que ninguém bateu em ninguém, que ninguém espancou ninguém e por isso não havia dor.

Luzia e seus filhos passaram a ser vítimas do *bullying*, enquanto a professora aceitou o papel de espectadora. A professora desconhecia, ou fingia desconhecer, a terrível dor da violência simbólica. As marcas não são acumuladas apenas pelas cicatrizes do sangue que jorra de uma surra. Há sangramentos internos, que dificilmente estancam.

Com o apelido de Orca, Bertina passou boa parte da infância e da adolescência sendo humilhada e ridicularizada na escola. Sentia-se culpada e envergonhada por ser gorda, o que a impedia de buscar ajuda. Hoje, Bertina se reconhece como uma pessoa obcecada por regimes, dietas e exercícios físicos. Mesmo com peso e altura ideais, não se sente satisfeita com o corpo. Odiava o apelido – embora risse, tentando pertencer ao grupo – e passou a odiar sua forma física. Busca, por toda a vida, livrar-se do que a fez sofrer por tanto tempo. Não se lembra de ter sido acolhida.

Há também a história ou as histórias de Ana. Ana Banana. Um apelido tão comum que nem chega a chatear. Assim foi com uma determinada Ana. Ela não gostava muito, mas também não via nada demais na brincadeira que passou a ser adotada até pelos professores mais íntimos da turma. Contudo, um dia, ao entrar no banheiro, encontrou a porta pichada de caneta com a frase "Ana quer banana" e sentiu-se humilhada e envergonhada por ser negra. Lembra que chorou muito, contou para a professora e desejou não voltar mais para a escola. No dia seguinte, todos repetiam e cantavam em voz alta o que estava escrito na parede. A professora encarou como um ato de indisciplina e, negando a gravidade do fato, simplesmente pediu silêncio à classe. Essa professora desprezou uma oportunidade preciosa de acolher a dor de Ana.

Assim como aconteceu com os professores de Ana e dos filhos de Luzia, desperdiçamos cada dia vivido quando não damos amor, quando não acolhemos o outro, quando, por prudência, medo ou egoísmo, deixamos de arriscar. Arriscando, corremos o risco de nos comprometer. Quando nos esquivamos da luta pela vida, por medo do sofrimento ou da dor, autorizamos o sofrimento, a dor e a angústia do outro. A cada dia, colhemos o mal, não pela prática do mal, mas pelo bem que deixamos de praticar. Albert Einstein dizia que o mundo é um lugar perigoso de se viver, não por causa daqueles que fazem o mal, mas sim por causa daqueles que observam e deixam o mal acontecer.

Tanto o sofrimento de uma vítima quanto o deleite e a realização do agressor refletem-se na vida de muitos. As conseqüências dos atos violentos, para os que praticam, para os que sofrem ou para os que testemunham, retornam um dia, não de maneira linear, mas cíclica, na vida de todos nós.

"Brincadeiras" e apelidos ofensivos deformam a alma de quem os carrega pela vida afora, como registro da desmoralização. Os apelidos aviltantes são a principal queixa dos alunos agredidos. Já os apelidos carinhosos acariciam a alma e são bem-vindos, a ponto de se tornarem uma prática comum entre amigos e familiares como reflexo da intimidade e do afeto existentes entre pessoas muito próximas.

O poeta e dramaturgo inglês William Shakespeare, na romântica e trágica história de Romeu e Julieta, escrita no século XVI, utiliza diminutivos carinhosos (Julinha, boba) no diálogo de Julieta e sua ama, para revelar intimidade entre as personagens:

> *Não é, Julinha? E por tudo o que é santo, a boba ficou quieta e disse "É". [...] Nem que viva mil anos, eu lhes juro, eu hei de me esquecer, não é, Julinha?, e a boba, sem chorar, respondeu "É".*
>
> *(Ama, Ato I, Cena III)*[22]

Numa demonstração de intimidade e proximidade, Julieta sente-se segura e acolhida para revelar seus sentimentos, não manifestando incômodo com os "apelidos" empregados pela ama. O que reforça a idéia de que o que incomoda e indigna não são os apelidos afetuosos ou os diminutivos carinhosos, mas os maldosos, principalmente aqueles inventados cruelmente com a intenção de humilhar e ridicularizar os outros.

Para alguns, inventar apelidos não passa de uma brincadeira prosaica entre crianças e jovens. Alguns chegam a ser engraçados para os que estão de fora. Para outros, a brincadeira pode até ser classificada como de mau gosto, quando a pessoa apelidada demonstra descontentamento. Porém são raros os adul-

22. Shakespeare, William. *Romeu e Julieta*. Porto Alegre: L&PM, 2001.

tos que enxergam as conseqüências e a gravidade desses apelidos pejorativos na vida de quem, compelido pela chateação, não sabe como resolver o problema ou como buscar ajuda.

Um nome não torna alguém melhor ou pior. Assim ocorre com tudo na vida que recebe nome e sobrenome: denominam, identificam pessoas e coisas, mas sem alterar suas qualidades e valores.

Antonio Pecci Filho é um famoso cantor, compositor e violonista brasileiro, contudo no Brasil e no mundo é conhecido pelo apelido que ganhou, carinhosamente, da mãe: Toquinho. Em 1987, Toquinho compôs com Elifas Andreato a música "Gente tem sobrenome" para retratar o 3º princípio da Declaração Universal dos Direitos das Crianças:[23]

A criança tem direito a um nome e a uma nacionalidade.

O nome confere à pessoa uma identidade. Direito de identidade é direito fundamental da pessoa. Não foi em vão que mereceu ser destacado como princípio dessa Declaração.

Gente tem sobrenome

Todas as coisas têm nome,
Casa, janela e jardim.
Coisas não têm sobrenome,
Mas a gente sim.
Todas as flores têm nome:
Rosa, camélia e jasmim.

23. A Declaração Universal dos Direitos das Crianças foi adotada pela Assembléia Geral das Nações Unidas no dia 20 de novembro de 1959 e ratificada pelo Brasil no dia 21 de novembro de 1990.

Flores não têm sobrenome,
Mas a gente sim.

O Jô é Soares, Caetano é Veloso,
O Ary foi Barroso também.
Entre os que são Jorge
Tem um Jorge Amado
E um outro que é o Jorge Ben.
Quem tem apelido,
Dedé, Zacharias, Mussum e a Fafá de Belém.
Tem sempre um nome e depois do nome
Tem sobrenome também.

Todo brinquedo tem nome:
Bola, boneca e patins.
Brinquedos não têm sobrenome,
Mas a gente sim.

Nome é uma designação que identifica, distingue, individualiza e, portanto, carrega uma história de vida, que é singular e nos faz únicos e especiais. É o primeiro bem que recebemos ao nascer. Ao longo da vida, podemos perder tudo ou quase tudo, mas ninguém pode nos furtar o direito de ter um nome. O nome projeta a individualidade. É um dos mais importantes atributos da pessoa, pois é por meio dele que o indivíduo é conhecido e chamado durante toda sua vida. É um símbolo de identificação enquanto sujeito de direitos e obrigações.

Apesar de não qualificar, o nome pertence a um sujeito com qualidades e valores, sentimentos e emoções, sonhos e desejos. Machado de Assis disse, a respeito de nomes:

> *Ora, é sabido que os nomes valem muito. Casos há em que valem tudo. De um ou de outro modo, a influência dos nomes é certa.*[24]

O nome não muda o valor da pessoa, no entanto nos remete ao valor daquele que o usa. Assim, o valor do nome está na capacidade que tem de conferir ao portador uma existência única, reconhecimento e identidade. A pessoa não se torna mais ou menos importante porque se chama Ana ou Maria, todavia pode ser considerada pelos outros como melhor ou pior se passar a chamar "Ana Banana" ou "Maria Bacana".

"Que há num simples nome?". Assim disse Julieta a Romeu, ainda na tragédia de Shakespeare. A fala de Julieta suscita uma profunda, densa e sensível reflexão e, sobretudo, diferenciação entre pessoas, nomes e títulos:

> *Que é Montecchio? Não será mão, nem pé, nem braço ou rosto, nem parte alguma que pertença ao corpo. Sê outro nome. Que há num simples nome? O que chamamos rosa, sob uma outra designação teria igual perfume. Assim Romeu, se não tivesse o nome de Romeu, conservara a tão preciosa perfeição que dele é sem esse título. Romeu, risca teu nome, e, em troca dele, que não é parte alguma de ti mesmo, fica comigo inteira.*
> *(Julieta, Ato II, Cena II)*[25]

---

24. *In*: *A semana*, coletânea de crônicas escritas entre 1892 e 1897 para o jornal *Gazeta de Notícias*.
25. Shakespeare, William. *Op. cit.*

Romeu e Julieta narra a história de dois adolescentes apaixonados, que cometem suicídio em razão da proibição das famílias ao namoro. A morte de ambos acaba unindo as famílias inimigas. Apesar de não qualificar ou abalar o sentimento dos dois jovens, pertencer à família de sobrenome Montecchio ou à de sobrenome Capuleto foi determinante para o destino trágico dos jovens. Após a tragédia, as famílias Montecchio e Capuleto perdoaram-se em nome do amor dos filhos. Foi uma reconciliação tardia. O que teria evitado um episódio tão doloroso? Teriam as famílias se unido antes, se suspeitassem da tragédia que estava por acontecer? Será que só acordamos e despertamos para o que ocorre debaixo dos nossos olhos quando somos surpreendidos por uma tragédia?

Em que momento desistimos de ousar mudar as realidades, que se apresentam cada vez mais violentas? Quando desaprendemos a arte de amar, de cuidar e de acolher a dor do outro? O que nos tornou cegos diante do sofrimento do outro? Em que momento passamos a aplicar o discurso de amor e de respeito ao próximo, enquanto ignoramos a dor de quem está ao lado?

Abriu-se um abismo entre o que se preconiza e o que se pratica, entre os valores proclamados e os vividos. Abriu-se uma distância entre os corações humanos. Estreitar esse intervalo é esvaziá-lo da inveja, da intolerância, do egoísmo, do desrespeito, da arrogância, da vaidade, e assim permitir que os corações se abram e se aproximem. O antídoto para desinventar esse abismo está nas mãos daqueles que o criaram e ao alcance daqueles que o alimentam com a omissão, o descaso e o desinteresse.

Qual é a receita mágica para desinventar o abismo? Qual é a fórmula milagrosa para apagar os apelidos maldosos? Dizem que apelidos não têm cola, porém os cruéis, com certeza, têm pregos. Pregos causam dor e mesmo depois de arrancados deixam marcas e cicatrizes profundas.

Todo esse processo de sofrimento tem de ser interrompido. O compromisso de educar na escola, na família ou em qualquer ambiente de convivência, além de ético pela natureza da ação, precisa ser afetuoso para acolher agressores, vítimas e espectadores, caso contrário será reprodutor da intolerância. Livrar-se da agressão, e não do agressor, deve ser o propósito de todos nós.

Capítulo 4

Bullying – panorama mundial

Amigos para sempre é o que nós iremos ser
Na primavera ou em qualquer das estações
Nas horas tristes, nos momentos de prazer
Amigos para sempre

Sara Brightman, *Amigos para sempre*

Dizem que o *bullying* é tão antigo quanto a escola. O *bullying* é, certamente, um fenômeno de grupo – e grupo em desequilíbrio, é claro. Portanto, a afirmativa parece ser acertada. Todavia, mesmo sendo tão antigo e já tendo sido objeto de preocupação e de investigação por ter comprometido a vida de estudantes, no passado, nada se sabe concretamente sobre *bullying* antes da década de 1970. Foi somente com pesquisas realizadas em 1972 e 1973, na Escandinávia, que as famílias perceberam a seriedade dos problemas decorrentes da violência escolar. A inquietação alastrou-se pela Noruega e Suécia e, posteriormente, por toda a Europa.

Por ser um fenômeno sub-reptício, clandestino, dissimulado, mesmo hoje é quase impossível mensurá-lo em escala global. No entanto, esforços empreendidos por entidades governamentais e sociais de muitos países permitem estimar que até 35% das crianças em idade escolar de todo o mundo estão, de algum modo, envolvidas em atos de agressividade e violência na escola.

Dan Olweus, professor da Universidade de Bergen, na Noruega, foi um dos precursores no estudo da violência no âmbito escolar. Em sua pesquisa, desenvolveu um questionário-padrão, com 25 questões, para facilitar a vida dos entrevistados. Estimulado, porém, pelas curiosas informações que começaram a surgir dos primeiros questionários preenchidos, estendeu o tempo de pesquisa e ampliou o número de pessoas ouvidas. Ao final, tinha entrevistado 84 mil estudantes de diferentes níveis e períodos escolares, além de 400 professores e mil pais. O material coletado deu-lhe oportunidade de entender a natureza do *bullying*, suas possíveis origens, ocorrências, formas de manifestação, extensão e características. Olweus examinou também o impacto das intervenções, que nessa época já haviam começado em algumas escolas da Noruega.[26]

Num tempo em que não se falava em *bullying*, Raquel, uma menina de 11 anos, de aparência normal, nem alta nem baixa para a idade, nem gorda nem magra, considerada por toda a família como meiga, gentil e carinhosa, começou a apresentar mudanças de comportamento. As primeiras transformações observadas foram físicas: já não mais apreciava escovar os longos cabelos e usava sempre roupas desalinhadas. Mais tarde, tornou-se agressiva com a mãe. Seu rendimento escolar piorou e começou a cabular aulas. Não tardou que realmente adoecesse. Abandonou a escola e perdeu o ano letivo. Nem os pais,

---

26. As informações constantes deste capítulo foram retiradas de material de divulgação da Associação Brasileira Multiprofissional de Proteção à Infância e Adolescência (Abrapia), com patrocínio da Petrobras. O *site* da Abrapia está desativado, mas o conteúdo está hospedado no *site* Observatório da Infância:<www.observatoriodainfancia.com.br/rubrique.php3?id_rubrique =19>; acesso em: 28/5/2008. Também foram utilizados dados da Abrapia do seguinte endereço: <www.bullying.com.br/BBibliograf23.htm>; acesso em: 25/5/2008.

nem a escola, nem os médicos compreendiam o motivo de tanta tristeza. Mas a mãe, ao receber em casa o material escolar da filha encaminhado pela escola, folheou os cadernos e descobriu folhas e mais folhas pichadas com palavrões, frases ofensivas e desenhos obscenos e desmoralizantes direcionados à menina. A escola, questionada pela mãe desesperada, disse que era difícil apurar os fatos se as crianças não se queixavam. E que a menina deveria ter trazido ao conhecimento da direção da escola todas as ofensas que a atormentavam.

É isto o que acontece: a vítima que cala sobre a violência é considerada fraca, e a violência que não grita normalmente é desconsiderada. A escola inferiu, nesse caso, que o silêncio era sinal de que a menina tinha "alguma culpa no cartório". Como se o castigo fosse a melhor forma de aprender com os erros – se é que houve erro, neste caso. Apontar culpados foi a maneira encontrada pelo colégio para se eximir de sua responsabilidade. A mãe se retirou, silenciada – ela também – pela violência da omissão. As marcas deixadas no caderno eram como carimbos da crueldade vivida pela vítima. Quanto às marcas impressas na alma, essas não podem ser dimensionadas. No entanto foram cruéis o suficiente para furtar de uma menina de 11 anos o desejo de viver.

O caso de Raquel é apenas mais um num universo de milhares, em que pessoas de todas as idades têm algo semelhante para contar. E para lamentar.

Os estudos de Olweus não tiveram muito impacto na época, a não ser sobre poucos núcleos de pessoas interessadas. Ele continuava a pesquisar, sem esperança de que o trabalho ajudasse a resolver a questão. Todavia, em 1983, um fato alarmou os habitantes da Noruega: três meninos, com idades entre 10 e 14 anos, cometeram suicídio; tudo indicava que haviam sido pressionados por situações graves de *bullying*. O medo que tomou conta de pais e educadores noruegueses foi, paradoxalmente, combustível para o entusiasmo de Olweus, porque, para ele, o *bullying* era um mal a combater. Ele já colecionava evidências de que um a cada sete estudantes estava envolvido em casos de *bullying*. Mas foi somente quatro anos depois que apresentou os primeiros resultados de sua pesquisa. Em 1989, afinal, reuniu os apontamentos no livro *Bullying na escola: o que sabemos e o que podemos fazer* (ainda não editado no Brasil). Na edição inglesa, o professor Peter Mortimore, do Instituto de Educação da Universidade de Londres, diz, no prefácio:

> *Como o professor Olweus menciona como conclusão de sua pesquisa, agora sabemos que é necessário querer fazer algo a respeito de um problema que causa tanta dor e infortúnio (e, em casos extremos, suicídio) a muitos e muitos jovens. Pelo bem deles, este é um livro que merece ser lido com muita atenção.*[27]

O livro alcançou depressa grande notoriedade, porque não apenas apresentava e discutia o problema, como sugeria maneiras de identificar possíveis vítimas e autores, e indicava estratégias para intervir. As escolas de toda a Noruega se mobilizaram e criaram uma campanha nacional contra o *bullying* nas escolas. Em pouco tempo, o número de casos foi

27. Olweus, Dan. *Bullying at school: what we know and what we can do.* Oxford, UK: Cambridge/USA: Blackwell, 1993.

sensivelmente reduzido – há relatos de que o índice possa ter chegado a 50% de redução. Não demorou muito para que outros países se interessassem pela campanha norueguesa e a imitassem, como foi o caso de Canadá, Grã-Bretanha, Portugal, Espanha, Itália, Alemanha, Grécia e Estados Unidos. Em todos esses lugares, pesquisas davam conta da dimensão aterradora que o *bullying* começava a assumir.

Na Grã-Bretanha, no início da década de 1990, uma pesquisa mostrava que 37% dos alunos de ensino fundamental e 10% dos alunos de ensino médio admitiam ter sofrido *bullying* pelo menos uma vez por semana. Outras pesquisas, na mesma década, trouxeram achados semelhantes. Em Portugal, em um universo pesquisado de 7 mil estudantes, um em cada cinco alunos (22%) entre 6 e 16 anos foi vítima de *bullying* na escola. Na Espanha, o nível de incidência de *bullying* estava em torno de 15% a 20% de estudantes em idade escolar, o que ratificava os estudos desenvolvidos em Portugal. A partir dessas constatações, a Europa aprovou, além de legislação específica, ações integradas que incluíam países como Espanha, Itália, Alemanha e Grécia.

Nos Estados Unidos, onde o *bullying* já está sendo classificado como fenômeno global, pesquisas realizadas em sala de aula com crianças entre 6 e 10 anos de idade revelaram que 13% narram casos de *bullying* e 11% dizem ser vítimas.[28]

O jornal *on-line Amednews.com*, *newsletter* da American Medial Association (AMA), publicou, na edição de 16 de de-

28. Os dados foram divulgados pelo jornal da Associação Norte-Americana de Medicina (American Medical Association), disponível neste endereço: <www.ama-assn.org>. Acesso em: 28/5/2008.

zembro de 2002, um editorial intitulado "Tentando parar os *bullies*: uma responsabilidade dos médicos", do qual selecionamos este trecho:

> *A American Medical Association [Associação Norte-Americana de Medicina] está pedindo aos médicos que tomem uma posição contra a séria questão de violência juvenil chamada* bullying.
>
> *[...]*
>
> *O Conselho de Assuntos Científicos da AMA identificou que os* bullies *representam de 7% a 15% da amostragem da população de adolescentes, e que as vítimas representam cerca de 10%. Em escolas do ensino fundamental, mais meninos que meninas estão envolvidos, mas a diferença de gênero diminui em escolas de ensino médio. Também há aumento no chamado* bullying *social, manipulação feita freqüentemente para dificultar a aceitação dentro de um grupo. Para as vítimas, as conseqüências variam, incluindo problemas emocionais, acadêmicos, sociais e legais potencialmente sérios.*[29]

Também nos Estados Unidos, dados coletados pelo Centro Médico Infantil Nacional Bear Facts estimam que perto de 5.700.000 meninas e meninos norte-americanos estão envolvidos com episódios de *bullying*, como autores, vítimas ou autores-vítimas. Quase 3% (cerca de 160 mil) deles passam a rejeitar a escola pretextando doenças ou realmente ficando doentes.

---

29. Disponível neste endereço: <www.ama-assn.org/amednews/2002/12/16/edsa1216.htm>. Tradução nossa. Acesso em: 28/5/2008.

Atualmente, pesquisas e programas de intervenção contra o *bullying* vêm sendo desenvolvidos na Europa e nos Estados Unidos. As principais conclusões são as seguintes: a maior parte dos alunos entrevistados diz ter sofrido situações de *bullying* na escola; a maioria dos agressores encontra-se na própria sala das vítimas, principalmente nos anos iniciais; os meninos tendem a ser agredidos principalmente por meninos, enquanto as meninas são agredidas por ambos os sexos; os meninos admitem agredir mais do que as meninas; as agressões ocorrem principalmente durante o recreio e na sala de aula; a metade dos alunos entrevistados espera que o professor intervenha nas situações de agressão na sala de aula; entre os alunos que se dizem agredidos, 50% admitem que não informam o ocorrido nem aos professores nem aos responsáveis.

Esta última informação é um dado que merece muita atenção. Será que os alunos não confiam nos professores nem nos responsáveis? De que eles têm medo?

Há também dois aspectos de grande relevância a serem levados em conta em todos esses programas: o número expressivo de crianças envolvidas em práticas agressivas e a constatação de que o número de alvos é geralmente superior ao número de autores.

Apesar de não admitirem com a mesma facilidade que os meninos, as meninas também são vítimas e agressoras. A crueldade independe de gênero, como constatou a professora norte-americana Rachel Simmons, da Universidade de Oxford. Ela própria vítima de *bullying* quando criança, e intrigada porque a maioria dos casos europeus registrava apenas o envolvimento de estudantes do sexo masculino, tanto como autores quanto vítimas, mergulhou no tema. Os dados que resultaram de suas pesquisas foram publicados em um livro[30] sobre a agressão praticada pelas meninas, que, segundo ela, não é menos cruel que a dos meninos. No livro, ela revela que até a manifestação de raiva das meninas segue regras e tabus sociais. Crescem aprendendo a ser gentis e a sorrir o tempo todo, sem espaço para manifestar os sentimentos que surgem na hora da raiva. A ordem é sempre disfarçar e fingir que não sentem ira. Essa castração de sentimentos afasta as meninas dos métodos convencionais usados pelos meninos, e elas utilizam os relacionamentos para ferir.

Reconhecer o fenômeno *bullying* numa perspectiva mundial significa ampliar os olhares e sensibilizar, para a questão, autoridades educacionais, pais e professores. No entanto, a transformação desse retrato vai além de seu reconhecimento. É preciso, é necessário e é sobretudo urgente abandonar a apatia, tocar a alma das pessoas e sentir a agonia e a aflição das vítimas dessa violência. Distanciar-se sugere omissão e descuido, postura que beneficia a ação do agressor, uma vez que ele pode justificar-se diante dos adultos dizendo que foi provocado pela vítima, ou que se trata de uma brincadeira. Em geral, com essas desculpas acaba conseguindo a tolerância dos educadores, mediante a minimização da intencionalidade de ferir o outro.

A acomodação e a negligência social corroboram a situação e, de certa forma, ensinam uma lição de vida muito perigosa,

---

30. SIMMONS, Rachel. *Garotas fora do jogo: a cultura oculta da agressão nas meninas.* Rio de Janeiro: Rocco, 2004.

tanto para o agressor quanto para a vítima. Fica o aprendizado de que, na prática, na vida social funciona a lei do mais forte. E que as normas existem para ser infringidas ou dribladas de maneira esperta, atitude que, paradoxalmente, pode chegar a proporcionar certo prestígio social.

Esse prestígio pode ser irreal, porém a sensação é real. O *bullying* não é uma brincadeira de mau gosto. Intencionalmente ou não, é um ato de perversidade. Fazer o outro sofrer e não se incomodar com sua dor não pode ser parte de um processo de aprendizagem.

O *bullying* não é um acontecimento local, mas global, como uma epidemia que cresce e se espalha nos ambientes escolares. No dizer das pesquisadoras Rosário Ortega-Ruiz e Rosário del Rey, professoras e pesquisadoras do Departamento de Psicologia da Universidade de Sevilha, um tipo de vinculação interpessoal claramente perverso, em que uma pessoa é dominante e a outra é dominada; uma controla e a outra é controlada; uma exerce um poder tirano, enquanto a outra deve submeter-se a regras com as quais não concorda e que claramente a prejudicam.

> *Essa relação asfixiante entre os iguais pode terminar conduzindo, em pouco tempo, a uma relação de violência e maus-tratos sustentados. Trata-se de um tipo de rede social, caracterizado em seu foco central pelo par agressor-vítima, e rodeado por um conjunto de papéis complementares, que o tornam um fenômeno complexo, de natureza sociocultural e com efeitos perversos para todos os que dele participam.*
>
> *São vítimas, agressores e espectadores mais ou menos ativos, já que uns animam o(s) agressor(es), outros tratam de*

> *ajudar a vítima, nem sempre com êxito, e outros, finalmente, ficam inibidos num tipo de perplexidade moral que, com o tempo, provoca dano ao desenvolvimento e ao aprendizado de valores de sociabilidade e atitudes morais necessárias.*[31]

No dia 24 de fevereiro de 2008, um estudante de 18 anos, em João Pessoa, estado da Paraíba, foi encontrado encapuzado, algemado e com as roupas encharcadas de gasolina. Mais tarde descobriu-se que o rapaz era vítima de *bullying* na escola, e que forjou o próprio seqüestro para chamar a atenção das autoridades. Na solitária dor da humilhação, esse foi o caminho que encontrou para punir os *bullies* que o desmoralizaram com o aviltante apelido de Chupeta de Baleia. O jovem alegou que, apesar de vítima, tinha sido sentenciado a medidas socioeducativas no ano de 2007, enquanto os agressores nada sofreram. A desumanização da vítima, somada à impunidade dos atos perversos praticados, dera fama e prestígio aos agressores.

O *bullying* é uma violência que cresce com a cumplicidade de alguns, com a tolerância de outros e com a omissão de muitos. E se transforma em ferocidade camuflada, compondo um cenário que nos intima, enfim, a sair do conformismo, do pessimismo e da apatia das "cavernas" edificadas para nos proteger da realidade. Uma realidade grave e muda, com conseqüências alarmantes.

---

31. Ortega-Ruiz, Rosário; Del Rey, Rosário. *Estratégias educativas para a prevenção da violência.* Tradução de Joaquim Ozório. Brasília: Unesco/UCB, 2002.

A escola, por delegação social, deve ser um local de acolhimento e de estímulo ao desenvolvimento e ao crescimento intelectual, sem desprezar as necessidades pessoais, sociais e afetivas dos alunos. Mas será que se percebe o abismo que distancia a escola ideal da escola real? Não se enxerga ou não se quer enxergar o colapso nas relações entre as pessoas? Essa cegueira nos aprisiona a todos nas "cavernas" da indiferença, da insensibilidade e da incapacidade de distinguir além das ilusões.

Uma das grandes contribuições da filosofia de Platão (427-347 a.C.) é apresentada no texto "O Mito da Caverna" ou "Alegoria da Caverna":

O mito da caverna

Suponhamos uns homens numa habitação subterrânea em forma de caverna, com uma entrada aberta para a luz, que se estende a todo o comprimento dessa gruta. Estão lá dentro desde a infância, algemados de pernas e pescoços, de tal maneira que só lhes é dado permanecer no mesmo lugar e olhar em frente; são incapazes de voltar a cabeça, por causa dos grilhões; serve-lhes de iluminação um fogo que se queima ao longe, numa elevação, por detrás deles; entre a fogueira e os prisioneiros há um caminho ascendente, ao longo do qual se construiu um pequeno muro, do gênero dos tapumes que os homens dos "robertos" colocam diante do público, para mostrarem as suas habilidades por cima deles.

(...)

Veja também ao longo desse muro homens que transportam toda espécie de objetos, que o ultrapassam: estatuetas de homens e de animais, de pedra e de madeira, de toda espécie de lavor; como é natural, dos que os transportam, uns falam, outros seguem calados.

(...) Pessoas nessas condições não pensavam que a realidade fosse senão a sombra dos objetos.

(...) O que aconteceria se eles fossem soltos das cadeias e curados de sua ignorância, para ver se, regressados à sua natureza, as coisas se passavam deste modo. Logo que alguém soltasse um deles, e o forçasse a endireitar-se de repente, a voltar o pescoço, a andar e a olhar para a luz, ao fazer tudo isso, sentiria dor, e o deslumbramento impedi-lo-ia de fixar os objetos cujas sombras via outrora. Que julgas tu que ele diria, se alguém lhe afirmasse que até então ele só vira coisas vãs, ao passo que agora estava mais perto da realidade e via de verdade, voltado para objetos mais reais? E se ainda, mostrando-lhe cada um desses objetos que passavam, o forçassem com perguntas a dizer o que era? Não te parece que ele se veria em dificuldades e suporia que os objetos vistos outrora eram mais reais do que os que agora lhe mostravam?

(...) Precisava se habituar, julgo eu, se quisesse ver o mundo superior. Em primeiro lugar, olharia mais facilmente para as sombras, depois disso, para as imagens dos homens e dos outros objetos, refletidas na água e, por último, para os próprios objetos. A partir de então, seria capaz de contemplar o que há no céu, e o próprio céu, durante a noite, olhando para a luz das estrelas e da Lua, mais facilmente do que se fosse o Sol e seu brilho de dia.

(...) Se um homem nessas condições descesse de novo para o seu antigo posto, não teria os olhos cheios de trevas, ao regressar subitamente da luz do Sol?

> *E se lhe fosse necessário julgar daquelas sombras em competição com os que tinham estado sempre prisioneiros, no período em que ainda estava ofuscado, antes de adaptar a vista – e o tempo de se habituar não seria pouco – acaso não causaria o riso, e não diriam dele que, por ter subido ao mundo superior, estragara a vista, e que não valia a pena tentar a ascensão? E a quem tentasse soltá-los e conduzi-los até cima, se pudessem agarrá-lo e matá-lo, não o matariam?*[32]

Há muitas explicações plausíveis para o mito. Há uma, metafísica, em que é possível identificar os dois mundos platônicos: o mundo das idéias e o mundo sensível. E, entre eles, a luta constante do ser humano para se libertar dos prazeres da carne e se apropriar das verdades da alma. Corpo e alma, para Platão, eram realidades distintas. A alma era superior ao corpo e o corpo era a prisão da alma, uma noção que contrariava os pensadores clássicos da época, porque os gregos exaltavam o corpo – veja-se a importância cultural das olimpíadas, por exemplo. Platão achava que, exatamente pelo culto ao corpo, o homem tinha dificuldade de se libertar dos desejos carnais, e por isso a maior parte da humanidade se encontrava como prisioneira de uma caverna, de costas para a abertura luminosa e de frente para a parede escura do fundo. Por causa da luz que entrava na caverna, os prisioneiros contemplavam as sombras refletidas na parede do fundo. Diante das projeções, os encarcerados tomavam essa ilusão como realidade.

O mesmo olhar se reflete hoje. Fechados em "cavernas", aprisionados pelo medo e pelas incertezas, adaptamo-nos às

---

32. Platão. *A república*. Livro VII. Porto Alegre: Martin Claret, 2000.

coisas conforme elas se apresentam; de costas para a realidade, somos incapazes de avaliar além das evidências.

De costas, desrespeitamos os que ficaram para trás; de costas, ignoramos novas perspectivas; de costas, rotulamos pessoas e situações; de costas, tomamos as sombras como realidade; de costas, acreditamos que zombar do outro é farra de criança e faz parte do convívio. Ao considerar o *bullying* uma brincadeira, o que se faz é atenuar a culpa, inventando um analgésico para a consciência. Sendo só uma "brincadeira", o autor não se obriga a olhar para trás, para observar o efeito devastador que causou em sua vítima.

Ditos populares, como "o que os olhos não vêem o coração não sente", expressam bem a crença que engessa e acorrenta as pessoas na posição de observadores. Elas recuam porque não se consideram capazes de interferir em situações difíceis de serem transformadas. Pode-se fazer um paralelo com alguém que assiste a uma cena de roubo ou de espancamento e não se envolve porque acha que não tem nada que ver com a situação – prefere seguir seu caminho ou simplesmente subir o vidro do carro. Esta pessoa está errada. A violência e a injustiça são problemas de todos. Quem permite a violência contra o outro está, implicitamente, aceitando a violência contra si mesmo. Mantendo essa posição de cegueira, a violência virá contra ele, mais dia ou menos dia.

Mas há mais: pode ser que a cegueira poupe do sofrimento quem acredita não ver, contudo exacerba a angústia de quem o vive.

Infelizmente, há gente que acha preferível a cegueira a ter de enxergar aquilo que fere suas ilusões.

Platão não achava que o nosso fosse o melhor dos mundos. "É uma espécie de prisão", escreveu ele, "onde estamos trancafiados em escuridão e sombras". Mas, mais além dessa prisão, reside um brilhante e esperançoso mundo de verdades que ele intitulou de idéias ou ideais, e é por isso que chamamos sua doutrina de doutrina de idealismo.

É no livro VII de *A república* – obra em que trata da pólis, da cidade, da relação entre as pessoas – que ele traz essa alegoria da caverna, esse "lugar" onde somos mantidos acorrentados. Lá dentro, nada conhecemos, exceto as sombras da realidade; portanto, temos apenas impressões do mundo. É preciso coragem para romper os grilhões da ignorância e do preconceito, para se lançar no mundo das idéias (no idealismo de Platão) e sobretudo ser uma pessoa que deseja ver além do visível. Sendo assim, segundo Platão, não basta ter visão para poder enxergar. Precisamos da alma, da vontade, do desejo. Enfim, precisamos de sentido.

Cada pessoa tem uma forma peculiar de amar, de cuidar, de proteger, de acolher e de buscar a plena compreensão das coisas. Aquilo que cada um pensa e sente, com relação ao mundo e às pessoas que o habitam, é uma investigação que vai além do uso dos sentidos com que a natureza nos equipou: visão, tato, olfato, audição e paladar.

> *O que penso eu do mundo? [...]*
> *Que idéia tenho eu das cousas?*
> *Que opinião tenho sobre as causas e os efeitos?*[33]

Ainda nas palavras do poeta Fernando Pessoa, como se pode ver no poema a seguir, a gloriosa frase dos antigos navegado-

33. PESSOA, Fernando. *Poesia completa de Álvaro de Campos*. São Paulo: Companhia das Letras, 2007.

res – navegar é preciso, viver não é preciso – anuncia a beleza presente na incerteza e na imprecisão das coisas da vida e do mundo. O que é preciso (no sentido de exato) pode sugerir segurança e comodidade, no entanto nos acorrenta às cavernas sem espaço para recriar e ressignificar as sombras da realidade. É a imprecisão da vida que nos permite sonhar e desejar.

Navegar é preciso

Navegadores antigos tinham uma frase gloriosa:
"Navegar é preciso; viver não é preciso".
Quero para mim o espírito [d]esta frase,
transformada a forma para a casar como eu sou:

Viver não é necessário; o que é necessário é criar.
Não conto gozar a minha vida; nem em gozá-la penso.
Só quero torná-la grande,
ainda que para isso tenha de ser o meu corpo
e a (minha alma) a lenha desse fogo.
Só quero torná-la de toda a humanidade;
ainda que para isso tenha de a perder como minha.
Cada vez mais assim penso.

Cada vez mais ponho da essência anímica do meu sangue
o propósito impessoal de engrandecer a pátria e contribuir
para a evolução da humanidade.

É a forma que em mim tomou o misticismo da nossa Raça.[34]

---

34. Galhoz, Maria Aliete. *Fernando Pessoa: obra poética*. 3. ed. Rio de Janeiro: Nova Aguillar, 2005.

"Navegar é preciso, viver não é preciso." Essa frase foi cunhada pelo general romano Pompeu (*Navigare necesse; vivere non est necesse*, em latim).[35] Ele costumava dizê-la aos marinheiros amedrontados, que se recusavam a viajar durante a guerra. A citação representava, para os marinheiros, um motivo para navegar em circunstâncias consideradas perigosas. Motivo tão forte para a vida que justificaria até sua perda.

Os conquistadores espanhóis, na América, tomaram outra via. Hernán Cortez e Alvar Nuñes Cabeza de Vaca, quando aportaram no México em busca dos lendários tesouros dos indígenas, mandaram queimar os navios, para impedir que os soldados desistissem de enfrentar os perigos da selva inóspita e fugissem. Desse modo, o que restava aos comandados era mesmo lutar contra os nativos, enfrentando o calor tropical, os insetos desconhecidos e os animais assustadores. De certo modo, os comandantes faziam os homens se igualarem às feras, em nome da sobrevivência.

Não há crueldade maior do que, propositadamente, desumanizar uma pessoa a ponto de roubar-lhe o desejo de viver. E o único objetivo do *bullying* é humilhar uma pessoa a ponto de desumanizá-la.

O que torna valiosa a existência é a busca de um significado para ela. O sentido, muitas vezes, é mais importante do que a própria vida. Muitos estudiosos se debruçaram sobre essa questão, em um passado remoto ou recente. Por isso é possível encontrar pontos comuns, em relação ao sentido da

---

35. Segundo PLUTARCO. *In: As vidas ilustres dos homens na vida de Plutarco*. São Paulo: Editora das Américas, 1960.

vida, na obra de diferentes pensadores. A valia de uma vida está sustentada em valores: na sensação de importância, de reconhecimento, de acolhimento, de pertencimento, constatados em mensagens que chegam por meio de olhares, de falas, de atitudes. Quando essas mensagens, porém, chegam distorcidas, as machucaduras são profundas.

Estamos falando de linguagem, esse conjunto de meios que o homem encontrou para se comunicar. Pela linguagem, o homem consegue ser gregário, social. Pode manter tradições, consolidar laços, participar. Pela linguagem, também, pode romper muralhas erguidas pelas crenças e pelos paradigmas. E, com isso, resgatar o significado da vida.

Com o mito da caverna, Platão quis mostrar que chegar ao conhecimento de realidades antes ocultas é quase sempre doloroso. Sair da ignorância requer, na maioria das vezes, sacrifícios. O conhecimento nos liberta das amarras e das muralhas construídas para nos proteger, muitas vezes, de nós mesmos. E a liberdade nos faz buscar os porquês, que são renovados diariamente pelos desejos manifestados. Na ausência do conhecimento, a ignorância nos faz prisioneiros do imediatismo e da perspectiva limitada, roubando-nos a liberdade. Para Platão, educação é liberdade, condição que nos emancipa da ignorância.

As amarras que nos acorrentam no interior da caverna representam o medo, a comodidade, a inércia. O mundo visível é aquele em que a maioria da humanidade está presa, iludida com as sombras da realidade. O outro mundo pertence àqueles que conseguem superar a ignorância, rompendo com as correntes que os aprisionam no subterrâneo e erguendo-se para a luz em busca do essencial, do significativo.

Supostamente protegidos, vivemos num mundo de cegos, distanciando-nos das pessoas reais. Camuflados pela ignorância intrínseca ao ser humano, inventamos uma realidade que nos parece cômoda. A violência é um dos frutos da ignorância, entre outros motivos pela aceitação de crenças muitas vezes ultrapassadas e que não correspondem à verdade absoluta ou parcial.

O panorama global emerge das ações locais. Portanto, o universal não é uma visão surrealista, mas real, acontecendo bem aqui, ao nosso lado, debaixo de nossos olhares viciados por sombras. Por isso, o escritor russo Leon Tolstoi sugere: "Se queres ser universal, canta a tua aldeia". Estar conectado com as questões universais não nos exime da responsabilidade de agir em nosso meio imediato.

Capítulo 5

Bullying – retrato brasileiro

Você que me diz as verdades com frases abertas,
amigo, você é o mais certo das horas incertas...

Roberto Carlos, *Amigo*

Há muito se diz que o mundo está conectado. Uma acomodação geológica no fundo do mar do Peru afeta as habitações do estado do Amazonas, no Brasil. O desmatamento na Amazônia afeta o clima do Rio Grande do Sul. O aquecimento das correntes geladas da Antártida pode levar à extinção de espécies a milhares de quilômetros de distância. Por essa razão, as pesquisas do psicólogo Dan Olwues e as investigações desenvolvidas na Europa certamente teriam repercussão no Brasil. E foi o que aconteceu, embora com certo atraso. Vários estudos, inspirados nas iniciativas européias, foram realizados aqui.

Uma das primeiras investigações registradas sobre o *bullying* no Brasil data de 1997. Marta Canfield, professora da Universidade Federal de Santa Maria, observou o comportamento agressivo em crianças de quatro escolas públicas na cidade de Santa Maria, no Rio Grande do Sul. Para o desenvolvimento do trabalho, ela adaptou e aplicou o questionário de Olweus.

Outros estudos semelhantes foram realizados por todo o território brasileiro. Em 2000 e 2001, por exemplo, os professores Israel Figueira e Carlos Neto adequaram e aplicaram o questionário empregado num projeto internacional europeu, com o objetivo de diagnosticar o *bullying* em duas escolas municipais do Rio de Janeiro.

Graças a iniciativas como essas, foi possível iniciar o mapeamento da violência escolar no Brasil. Os dados disponíveis ainda são incipientes, mas é possível estimar que o *bullying* praticado por crianças e jovens já atinja 45% dos estudantes brasileiros de ensino fundamental. As informações são do Centro Multidisciplinar de Estudos e Orientação sobre o *Bullying* Escolar – Cemeobes, que acompanha o fenômeno em pelo menos oito cidades do país.[36]

Um estudo que merece destaque foi desenvolvido em São José do Rio Preto, interior paulista, pela educadora Cleo Fante, nos anos de 2002 e 2003. A pesquisa envolveu cerca de 2 mil alunos em oito escolas das redes pública e particular, e revelou que 49% dos estudantes estavam envolvidos com o *bullying*, assim distribuídos: 22% figuravam como vítimas, 15%, agressores e 12%, vítimas-agressores (aqueles que são vítimas e reproduzem a vitimização). Os dados coincidem com as estatísticas internacionais.

O estudo permitiu, pela primeira vez, traçar o perfil das vítimas no Brasil. São, normalmente, tímidas, com algum aspecto físico ou comportamental marcante, mais comumente a obesidade e a baixa estatura. Os alvos têm, em média, 11 anos. São meninos e meninas com poucos amigos e que não reagem contra os apelidos ofensivos ou qualquer outra atitude que lhes desagrada.

---

36. O Cemeobes é uma Organização da Sociedade Civil de Interesse Público (Oscip) desde 24 de abril de 2007, sediada em Brasília, DF, e mantém o *site* <www.bullying.pro.br>. Acesso em: 28/5/2008.

Cleo Fante também conseguiu descrever o perfil típico do agressor. Encontram-se na faixa etária entre 13 e 14 anos, são líderes e sentem prazer em mostrar poder. Dos autores, 60% são meninos. Apesar de serem encontradas em menor porcentagem, as meninas também agridem com tramas, fofocas e intrigas para excluir outras meninas. Os dados mencionados aqui constam do livro da educadora.[37]

Cleo Fante, atualmente doutoranda em Ciências da Educação pela Universidade de Ilhas Baleares, na Espanha, é a criadora do Programa Educar para a Paz. Foi um programa pioneiro de combate ao *bullying*, elaborado e desenvolvido em uma escola de São José do Rio Preto. Os índices de redução do comportamento agressivo foram significativos e culminaram com a melhoria nas relações entre professores e alunos e no desempenho escolar. As pesquisas iniciais identificaram 26% de vítimas. Depois de um semestre de implantação do programa, a vitimização caiu para 10% e, dois anos depois, para 4%.

Como se vê, quando há desejo de intervenção, as ações de *bullying* retrocedem. Outra experiência, mais abrangente, realizada no Brasil, comprova isso. A Associação Brasileira Multiprofissional de Proteção à Infância e Adolescência (Abrapia), que já citamos aqui, implantou em 2002 o Programa de Redução do Comportamento Agressivo. A primeira etapa do programa foi um levantamento que envolveu 5.875 estudantes de 5ª a 8ª séries do ensino fundamental, de onze escolas localizadas no município do Rio de Janeiro. A busca revelou um panorama assustador: dos alunos entrevistados, 40,5%

37. Fante, Cleo. *Fenômeno bullying – como prevenir a violência nas escolas e educar para a paz.* Campinas: Verus, 2005.

admitiram envolvimento direto em atos de *bullying*, naquele ano, sendo 16,9% alvos dos maus-tratos, 10,9% vítimas-autores e 12,7% autores da violência.[38]

É apavorante chegar à escola e não saber o que se vai encontrar, já que as ofensivas independem de qualquer reação ou manifestação da vítima, que não escolheu ser gorda ou magra, alta ou baixa, ter orelhas grandes ou nariz torto.

Na mente infantil, paira a certeza de que cada dia é mais um dia de tortura e zombaria, mais um dia de exposição ao ridículo. O medo e a impotência de reagir ante os valentões traduzem-se em ódio, desejo de destruição do outro e de autodestruição, vivido no silêncio da dor e da angústia.

A quebra desse silêncio, por vezes, pode até piorar as coisas.

Assim é a história de Magali. Gordinha, na infância, tinha um apetite voraz. Na escola, era identificada pelos colegas com a personagem Magali, do desenhista Mauricio de Sousa: "Magali gulosa", "Magali come tudo". No começo, soavam como brincadeira as vozes que diziam: "Quer uma maçã, Magali?", "Tirem as maçãs de perto da Magali!", "É só ela comer que se acalma!", entretanto isso depois passou a incomodar muito. Até que, um dia, Magali tomou coragem e resolveu falar com a professora. Mas talvez não tenha escolhido uma boa hora, conta Magali. A partir de então as coisas pioraram e muito. A professora olhou bem para ela e em voz alta, diante da classe, disse com firmeza: "Primeiro, o seu nome é mesmo Magali; caso não esteja satisfeita, fale com seus pais. Segundo, você realmente come muito". E todos riram bastante e durante

38. Os dados da pesquisa estão disponíveis no *site* <www.bullying.com.br>. Acesso em: 28/5/2008.

muito tempo. O pesadelo durou anos e anos depois de legitimado pela professora. Hoje, já adulta, Magali fala pouco e confessa que pensa mil vezes antes de revelar suas emoções a alguém. Ela teme as risadas!

Será que a tarefa desenvolvida pela professora de Magali, no momento em que foi procurada, era tão importante que ela não podia acolher a angústia da aluna? Será que o fato foi considerado tão banal que a forma mais adequada para encerrá-lo foi a de reforçar a ridicularização? Será que a professora realmente achava que a vítima era culpada pelas brincadeiras? Talvez ela não estivesse num bom dia. Mas esse mau dia da professora marcou todos os outros dias da vida de Magali.

Conflitos são próprios de um ambiente onde as pessoas convivem. Começam por uma razão identificada e terminam quando a questão é resolvida. No caso do *bullying* não há motivo que explique ou justifique tal perversidade sem fim, sem data nem hora para acabar. As feridas abertas acompanham os alunos-alvo por toda a vida. Para algumas vítimas, esse é um preço muito alto, que não vale a própria vida.

Para a poetisa e educadora Gabriela Mistral,

> *somos culpados de muitos erros e muitas falhas, mas nosso pior crime é abandonar as crianças, desprezando a fonte da vida. Muitas das coisas de que precisamos podem esperar. A criança não pode. É exatamente agora que seus ossos estão se formando, seu sangue é produzido, e seus sentidos estão se desenvolvendo. Para ela não podemos responder "Amanhã". Seu nome é "Hoje".*[39]

---

39. Mistral, Gabriela; Meirelles, Cecília. *Op.cit.*

Num cenário de violência, marginalização e preconceito, uma criança apavorada pode aprender o que se ensina na escola? As emoções são tomadas pelo temor, pela ansiedade e pela angústia. A sutileza dos atos violentos camufla a perversidade, e a vítima, isolada e desacreditada, não encontra a quem recorrer. Seu desejo maior é o de fugir, muitas vezes até de si mesma, por sentir-se anormal. E, já que não é "normal", nem popular, e ainda ridicularizada, afasta-se das pessoas.

Carmen tinha 9 anos e já havia perdido a mãe. Os irmãos eram mais velhos e ela sentia-se muito sozinha. Por mais de uma vez ficou horas preparando pequenos sanduíches para receber as amigas que juravam ir visitá-la depois da escola. Animada, enfeitava toda a casa simples em que morava com o pai. Acabada a aula, ouvia das convidadas que fosse indo e que elas iriam logo depois. Movida de um sentimento bom de acolhimento, preparava cada detalhe e esperava sem sucesso as amigas que, "brincalhonas", não iam. Sozinha, em meio aos sanduíches, lembrava da mãe e chorava. No dia seguinte, na escola, as amigas inventavam alguma desculpa e se preparavam para outra brincadeira.

Brincadeira dolorosa essa que expõe ao ridículo o outro e que não respeita os seus sentimentos.

Wanderley tinha 8 anos. Defasado, na relação idade-série, sentia que os colegas não gostavam de se relacionar com ele. Isso o deixava profundamente triste porque ir à escola era o maior sonho de sua vida. A mãe tinha mudado, inclusive, da fazenda em que moravam, apenas para que pudessem ficar perto de uma escola – ela também sonhava com que o filho estudasse e tivesse uma vida melhor do que a dela. Wanderley achava que os outros meninos não gostavam dele por ele ser grandalhão. Afinal, era pelo menos dois anos mais velho do que toda a turma, o que, nessa idade, faz diferença. Tentava, timidamente, se aproximar e, invariavelmente, continuava sozinho. Sem querer incomodar a mãe, começou a desistir do sonho de estudar. Em um trabalho em grupo, quando ninguém permitiu que ele entrasse, sozinho, ouviu o professor determinar que um grupo o acolhesse. Surpreso, entristecido, ouviu a frase dolorosa: "Ele fede! O bafo-de-onça tem mau hálito! O senhor já reparou nos dentes dele?". A sala riu. O professor também riu. Wanderley, nessa escola, nunca mais riu. O apelido pegou. Ninguém mais o chamou pelo nome. Algum tempo depois, com a angústia de ter sido derrotado, abandonou a escola.

O final dessa história podia ter sido este. Mas Wanderley teve sorte. Em uma igreja, foi acolhido, teve os dentes tratados, foi levado para outra escola e aceito pelos colegas. Hoje, é um renomado dentista. Pelo menos uma vez por semana, o doutor Wanderley atende, de graça, meninos e meninas carentes, tentando curar dores semelhantes às que teve durante muito tempo. Devolve sorrisos. Devolve a vida.

Mas, infelizmente, há muitos "Wanderleys" que ficam pelo caminho, sucumbindo ao escárnio e à incompreensão. Patinhos feios que não encontram o seu grupo de cisnes.

Normalmente, crianças e jovens buscam as pessoas mais populares para se aproximar. Mas qual é o valor da popularidade que se ganha com a desumanização do outro? Que valores estão implícitos na dominação de uns e na submissão de outros?

O psicólogo Leonardo Cheffer publicou, em 2004, nos Anais da Sexta Semana de Psicologia da Universidade Estadual de Maringá, o trabalho Subjetividade e arte, dados e impressões sobre o *bullying*, em que afirma que o *bullying* reflete a ideologia da dominação da sociedade. A apresentação foi elaborada com base numa pesquisa que realizou com 240 alunos de 5ª a 8ª séries de uma escola pública, em uma cidade do norte do estado do Paraná, com base nos questionários de Olweus. Segundo o pesquisador, os resultados da pesquisa refletem o papel social da escola, instituição que sofre influências e interferências da sociedade e que, ao mesmo tempo, exerce influências e interferências no entorno. Romper com esse ciclo de reproduções, que por vezes é perverso e excludente, passa a ser uma escolha.

Há dez anos, Galdino Jesus dos Santos, de 44 anos, do povo Pataxó, acordou com o corpo em chamas. Ele não suportou os ferimentos e morreu horas depois, no hospital. Galdino fazia parte de uma delegação de indígenas que fora a Brasília reivindicar a recuperação de suas terras. Passava a noite no banco de uma praça, dormindo, indefeso. De madrugada, cinco jovens brasilienses resolveram, "por diversão", como confessou um deles, atear fogo nele. Diante da perplexidade da opinião pública, um dos jovens declarou: "Não sabíamos que era um índio, pensávamos que era só um mendigo".

"Só um mendigo." Que ideologia é essa que faz as pessoas justificarem atos bárbaros contra a vida? Que ideologia é essa que se traduz no olhar de superioridade de uns, diante da suposta inferioridade de outros?

Lamentavelmente, esta não é uma ocorrência única. Em 2007, no Recife, Janaína Azevedo foi cruelmente espancada, com uma barra de ferro, por dois rapazes que se justificaram dizendo que a confundiram com um travesti. No mesmo ano, cinco jovens universitários espancaram e saquearam uma empregada doméstica que estava num ponto de ônibus, na Barra da Tijuca, no Rio de Janeiro. Os rapazes, que só queriam se "divertir", alegaram ter confundido a vítima com uma prostituta.

Que confusão de valores é essa? Em todos os casos, aos olhos dos agressores, tudo não passou de uma brincadeira de mau gosto. Talvez esses valentões tenham, durante anos, "brincado" com a vida de pessoas indefesas.

Uma sociedade em que mendigos, travestis e prostitutas "merecem" ser espancados e mortos, pode ser reflexo de uma sociedade que permite que jovens e crianças qualificados como esquisitos, tímidos, feios, diferentes do padrão estabelecido pelo grupo sejam escarnecidos, humilhados, excluídos, atormentados, ameaçados, ridicularizados.

O *bullying* é uma manifestação dessa rejeição de ordem social que priva o indivíduo, considerado diferente e inferior, de sua dignidade e de seu direito de participar e de existir. Conseqüentemente, nega-se a essa pessoa sua necessidade e desejo de fazer parte, de ser importante e valioso para o grupo. Quando esse direito é arrancado de alguém, não basta uma lei para impô-lo à força – é preciso um profundo esforço ético de educadores, pais e sociedade, almejando a mudança de concepção e de valores. Quando mudamos o modo de ver e sentir, mudamos a maneira de agir e reagir.

Quando a diversidade não é acolhida, a desigualdade é legitimada. Não acolher a diversidade significa olhar em uma única direção, com base em um padrão exclusivo. E aos que são olhados, fica o silêncio e a exclusão.

A humanidade sempre teve reações variadas diante das diferenças percebidas entre os povos que mantinham contato.

A história relata manifestações que vão desde o medo e a repulsa até a curiosidade e o apreço. Quando os portugueses chegaram ao Brasil, encontraram um povo diferente, em aparência e costumes. Seu retrato foi encaminhado ao rei Dom Manuel por meio de uma carta que descrevia, com minúcias, a nova terra e seus habitantes. Os pormenores ficaram por conta da observação e percepção de quem descrevia o que viu.

O trecho em destaque é parte da carta de Pero Vaz de Caminha ao rei Dom Manuel, em 1500. O documento foi levado por Gaspar de Lemos, comandante da nau de mantimentos da frota de Cabral, enviada de volta a Portugal para dar notícia do "achamento" do Brasil:

> *A feição deles é serem pardos, um tanto avermelhados, de bons rostos e bons narizes, bem-feitos. Andam nus, sem cobertura alguma. Nem fazem mais caso de encobrir ou deixar de encobrir suas vergonhas do que de mostrar a cara. Acerca disso são de grande inocência. Ambos traziam o beiço de baixo furado e metido nele um osso verdadeiro, de comprimento de uma mão travessa, e da grossura de um fuso de algodão, agudo na ponta como um furador. Metem-nos pela parte de dentro do beiço; e a parte que lhes fica entre o beiço e os dentes é feita a modo de roque de xadrez. E trazem-no ali encaixado de sorte que não os magoa, nem lhes põe estorvo no falar, nem no comer e beber.*
>
> *Os cabelos deles são corredios. E andavam tosquiados, de tosquia alta antes do que sobre-pente, de boa grandeza, rapados todavia por cima das orelhas. E um deles trazia por baixo da solapa, de fonte a fonte, na parte de trás, uma espécie de cabeleira, de penas de ave amarela, que seria do comprimento*

> *de um coto, mui basta e mui cerrada, que lhe cobria o toutiço e as orelhas. E andava pegada aos cabelos, pena por pena, com uma confeição branda como ceras, de maneira tal que a cabeleira era mui redonda e mui basta, e mui igual, e não fazia míngua mais lavagem para a levantar.*[40]

Apesar da graça, da beleza, da alegria e da inocência destacada, os nativos brasileiros eram personagens diferentes dos padrões de humanidade reconhecidos pelos recém-chegados à Nova Terra. Aspectos culturais e físicos foram imediatamente identificados: vestimentas, ornamentos corporais, estatura, cor da pele, cabelos, olhos e a língua falada. A singularidade da aparência física foi o aspecto de maior observância, pela estranheza que causaram aos colonizadores que ali chegavam.

A diversidade humana é comumente enfatizada nos aspectos negativos do outro, tendo como parâmetro o olhar de superioridade daquele que observa e identifica o outro com base na diferença.

Ser diferente não é um motivo, mas um pretexto para que o autor do *bullying* satisfaça a sua necessidade de agredir, de humilhar, de marginalizar. Os agressores buscam, em suas vítimas, algumas diferenças em relação ao grupo no qual estão inseridos. No entanto, ninguém pode ser culpado ou castigado por ser diferente, por estar fora dos padrões considerados normais aos olhos de quem busca a diferença e dissemina a indiferença.

---

40. Castro, Sílvio. *Carta de Pero Vaz de Caminha: o descobrimento do Brasil.* Porto Alegre: LP&M, 2003.

Não podemos esperar que todos sejam iguais para serem aceitos. Somos únicos, com características próprias no que tange à maneira de sentir, de pensar, de agir e reagir a tudo e a todos.

Neste sentido, ser diferente não significa ser certo ou errado, inferior ou superior, melhor ou pior, mais bonito ou mais feio. Significa, simplesmente, ser diferente.

Contudo qual seria o padrão considerado normal para o ser humano? Baseados em quais referenciais distinguimos os "normais" dos "anormais"? Será que aquele que não atende aos padrões de beleza ou aos padrões da moda são faltos de inteligência, são incompetentes, inabilitados e indignos?

Quando uma pessoa não se encaixa na "normalidade" esperada, não serve e é deixada de lado. Mas não serve para o quê? Para quem? Todas as pessoas têm o direito de participar deste mundo com seu melhor talento, para o bem comum. Seja qual for esse talento.

No entanto, o que define o padrão de normalidade?

Vamos imaginar, estatisticamente falando, que uma situação freqüente numa determinada sociedade passe a ser considerada a normal. Assim sendo, imaginemos que tivéssemos de apresentar um retrato do ser humano a um extraterrestre. Seguindo a concepção de normalidade, certamente o habitante escolhido seria aquele que agregasse as características mais freqüentes dos terráqueos.[41] Olharíamos alguns dados relativos a características da população mundial e verificaríamos que, no planeta, há mais homens do que mulheres (uma pequena dife-

41. Proposta de Luiza Cortesão, professora da Faculdade de Psicologia e Ciências da Educação da Universidade do Porto e presidente do Instituto Paulo Freire.

rença de 0,0643%). Somente 15,26% da população mundial tem rendimentos que podem ser considerados acima da média; 56,4% vivem na Ásia; e a língua nativa mais falada é o mandarim (mais de 800 milhões de falantes). A religião com o maior número de seguidores é o cristianismo, com 32% da população mundial, seguida do Islã, com 19%.[42]

Considerando que no planeta Terra existem mais homens do que mulheres, que a maior parte da população sobrevive com rendimentos abaixo da média; considerando que o maior grupo religioso é o cristão; considerando, também, que a maior parte da população do planeta vive na Ásia e que a língua mais falada no mundo é o mandarim, o ser humano selecionado para ser apresentado ao extraterrestre deve ser um homem pobre, cristão, asiático e que fale mandarim.

Seguindo o padrão habitual aplicado ao conceito de normalidade, este seria, então, o homem reconhecidamente normal, e os demais, estando fora da situação considerada comum, seriam anormais ou não normais.

Talvez as características mais freqüentes na população mundial não sejam o melhor critério de normalidade. Haverá, certamente, outros critérios. No entanto será possível definir, com esse ou outros critérios, o ser humano normal? Quem ou o que poderia determinar esse padrão?

---

42. Dados retirados de UM Statistics Division, Department of Economic and Social Affairs, disponíel em: <http://devdata.worldbank.org/hnpstats/HNPDemographic/Gpopulation.pdf>, Global Population Profile: 2002, U.S. Census Bureau, 2004, disponível em <http://anthro.palomar.edu/ethnicity/ethnic_5.htm>; Ethnologue Volume I: Languages of the World, 14th ed., 2000. Acesso em: 28/5/2008.

Essa possibilidade fantasiosa criada com dados reais sugere reflexões sobre a desigualdade. O sentido de ser desigual, de ser diferente, de não se enquadrar ao que foi arbitrariamente estabelecido como padrão, por alguém ou algum grupo, reforça a situação de marginalização.

Essa marginalização, muitas vezes, é admitida no ambiente escolar. Seja pelas atitudes, seja pela maneira como as relações se estabelecem, seja pelo conteúdo trabalhado – tudo isso, por vezes, reforça a interiorização humilhante de ser diferente, por meio de uma fala, de um olhar de aprovação ou reprovação ou de textos como o do menino gordo:

O menino gordo

O menino gordo chamava-se Matias e era, na verdade, um menino muito gordo. Andava no primeiro ano, no colégio de S. Torcato e sentava-se sempre nas carteiras do fundo porque à frente tapava a vista aos colegas.

Também é verdade que os colegas se escondiam atrás de seu corpanzil, a fim de que a professora não os chamar para dar lição junto ao quadro. Assim, a Diretora do colégio determinou:

– O menino Matias passa a sentar-se sempre ao fundo da sala!

Ao fundo da sala, quase encostado à parede, havia um esqueleto de plástico, desmontável, que servia para estudar os ossos do corpo humano.

O Zé Nabo, o mais malandro dos colegas de Matias, quando via o menino gordo passar pelo esqueleto para se sentar ao fundo da sala, sempre dizia com voz de falsete:

– *Olha a Bucha e o Estica!*
E todos riam.[43]

Riam como vítimas, *riam* como autores, *riam* como espectadores de uma violência silenciosa, mas todos *riam*. *Riam* mesmo que não compreendessem o valor da piada, *riam* mesmo que se sentissem incomodados com a dor de quem foi motivo da chacota, *riam* mesmo que chorassem por dentro.

O que uma história como esta, trabalhada em sala de aula, representa para crianças e jovens? O que a sociedade está educando? Que padrões reforça? Que tipo de violência legitima?

Histórias assim estão presentes na vida e na literatura. Na vida, não passam de "farra de criança" que fazem todos rir. Na literatura, reforçam os conteúdos estudados ou, talvez, os preconceitos velados. As inúmeras formas de diferenciação devem ser reconhecidas pelo grupo e, numa mesma proporção de intensidade e valor, devem ser respeitadas por todos.

O padrão de inferioridade e anormalidade pode servir para oprimir uma pessoa a tal ponto que essa imagem seja interiorizada e absorvida como parte da sua própria identidade.

"Quem somos nós?" é um conceito que se constrói levando em consideração o reconhecimento que nos é dado pelos outros.

Aquilo que se considera anormalidade ou inabilidade, destacado de maneira intencional e repetitiva, configura o *bullying* como um ato bárbaro de violência contra a identidade do ou-

---

43. Cortesão, Luiza. A história do menino gordo. *Jornal de Letras* (edição de 19 dez. 2007 a 1º jan. 2008). Disponível em: <http://sigarra.up.pt/fpceup/noticias_geral.ver_noticia?p_nr=1166>. Acesso em: 28/5/2008.

tro. Um ato que necessita verdadeiramente ser enfrentado por toda a comunidade educativa, pois o falso reconhecimento também é uma forma de opressão e violência.

O respeito à diversidade, na escola, parte do princípio de que todos devam ser reconhecidos como iguais em dignidade e em direitos, como preconiza o artigo 5º da Constituição Federal de 1988:

> *Todos são iguais perante a lei, sem distinção de qualquer natureza, garantindo-se aos brasileiros e aos estrangeiros residentes no País a inviolabilidade do direito à vida, à liberdade, à igualdade, à segurança e à propriedade.*

O enfraquecimento ou rompimento desse princípio pode fazer da escola um lugar muito perverso, onde as desigualdades justificam o prazer de aniquilar o outro. E, aí, todos se tornam alvos dessa destruição. Incluindo o professor.

Capítulo 6

Experiências de fracasso

Oh, pedaço de mim
Oh, metade arrancada de mim
Leva o vulto teu
Que a saudade é o revés de um parto
A saudade é arrumar o quarto
Do filho que já morreu

Chico Buarque, *Pedaço de mim*

Trabalhar e estudar. Atividades coletivas que constituem um mundo social cuja natureza ultrapassa o âmbito da decisão individual. Conviver é "viver com", como sugere o nome, e é o que sustenta a existência humana. O aprendizado da convivência envolve *com*paixão, compromisso e responsabilidade com a vida do outro. E seu exercício tem de ser cotidiano, sob risco de que seja desaprendida ou que desapareça.

Um dos momentos mais desafiadores da vida de uma criança é o de entrar para a escola e aprender a se relacionar com pessoas diferentes. Viver essa experiência inclui aceitar e ser aceito, acolher e ser acolhido, valorizar e ser valorizado, amar e ser amado. Sempre enxergando as diferenças como fator de inclusão e não de exclusão.

Perceber que cada um é de um jeito e que o jeito de cada um complementa a nossa história de vida assegura a singularidade de todo indivíduo como elemento fundamental da seiva que alimenta e revigora permanentemente o bem comum.

Mas a sede de poder põe em desequilíbrio essa harmonia e cria uma nova rede de relações pessoais. A lei do mais forte, do mais poderoso, aniquila os mais fracos para reafirmar uma identidade que não reconhece a dignidade e o direito do outro.

Sem a contenção necessária, ou seja, a vigilância social, para cessar a impulsividade tirana, o intimidador atua à vontade em um contexto que lhe parece sem regras e sanções significativas.

A Universidade Ludwig Maximilian, de Munique, na Alemanha, conduziu um estudo para compreender o que motiva os autores do *bullying*. Os pesquisadores queriam informações sobre o perfil de crianças mais propensas a se tornarem alvos dos agressores e sobre como o restante da classe reagia. A investigação de longo prazo envolveu 288 alunos de 2ª e 3ª séries em diferentes escolas situadas no sul da Alemanha. As crianças foram questionadas sobre suas experiências com o fenômeno. Seis anos mais tarde, as mesmas crianças, agora na 8ª série, foram entrevistadas. A intenção era saber se as vítimas anteriores ainda eram alvos de *bullying* e como esses alunos lidavam com tais problemas ainda adolescentes. O relato é da professora Mechthild Schafer, livre-docente em Psicologia Educacional da Universidade de Ludwig Maximilian, e que fez parte da equipe que promoveu o estudo.[44]

Segundo Schafer, os longos anos de trabalho revelaram que os agressores podiam ser identificados cedo na escola fundamental: mesmo com pouca idade, eles são capazes de organizar um assédio contra determinadas crianças. Os chamados *bullies* parecem estar sempre observando para eleger novas ví-

44. Schafer, Mechthild. *Abaixo os valentões*. Tradução de Suzi Yumi. 16 set. 2005. Disponível em: <www.redepsi.com.br/portal/modules/news/article.php?storyid=1823>. Acesso em: 28/5/2008.

timas. Tendem a continuar intimidando ao longo de muitos meses e até mesmo anos, e encontram dificuldade para abandonar seu papel com o passar do tempo, pois essa ação lhes confere cada vez mais poder, fama e prestígio. A professora complementa que os agressores normalmente são crianças dominadoras, que aprenderam ainda pequenas que poderiam se tornar líderes de um grupo ao serem agressivas. Sua estratégia é humilhar o colega física ou psicologicamente para conquistar o topo da ordem social. Com atitudes brutais, elas forçam as vítimas a se curvar.

No mesmo artigo, Mechthild Schafer relata uma experiência realizada na Universidade do Arizona, nos Estados Unidos, empregando a mesma metodologia. Foram estudados mais de 500 alunos da 5ª à 8ª séries. Os resultados revelaram que as crianças mais propensas ao *bullying* haviam sido mais expostas a punições físicas pelos pais, tinham visto mais violência na TV e tiveram menos modelos de referência do papel adulto. Até certo ponto, essas crianças haviam aprendido com exemplos. Freqüentemente, as crianças intimidadoras aprendem o poder da agressão em casa. E acrescenta, comparando a pesquisa norte-americana com a pesquisa alemã:

> *Da mesma forma, encontramos crianças de 8 anos que, por suas próprias declarações e pelas de seus amigos, haviam sido alvo de abuso coletivo por um bom tempo. Elas suportaram o tormento e a rejeição sem nunca opor resistência ou informar os adultos sobre a situação. As conseqüências podem ser de longa duração. Nos primeiros estudos, mostramos que crianças atormentadas pelos colegas de escola ao longo de um período prolongado são incapazes de se defender contra a hos-*

tilidade e reagem aos ataques com angústia e retraimento. Essas terríveis experiências aumentam as probabilidades de elas caírem nas armadilhas colocadas pelos bullies.

Quando fizemos as mesmas perguntas seis anos mais tarde, as respostas dos estudantes confirmaram nossas suspeitas. Depois de perguntar aos alunos de 13 e 14 anos de quais crianças eles gostavam e de quais não, desenvolvemos um perfil de preferência que nos deu uma boa percepção de um ranking social individual em classe. O resultado foi surpreendente. Em contraste com a relativa baixa posição dos agressores durante a escola primária, eles haviam se tornado muito populares entre seus colegas de classe. As vítimas, por outro lado, receberam poucos pontos de empatia.[45]

Desprezo e hostilização. Dinâmicas constantes na vida das vítimas de *bullying*. As pesquisas revelam um retrato inumano dessa violência. As vítimas são esquecidas e excluídas cruelmente, mesmo depois de se tornarem adultas. A escola torna-se um pesadelo. Os colegas agem como se as vítimas não estivessem lá, ou reagem com total rejeição. Os agressores intensificam esse jogo, afrontando e achincalhando suas presas. Uma estratégia que não dá espaço para que as vítimas se defendam ou reajam. Aos olhos dos espectadores, tornam-se uma mistura de covardia e fraqueza e são estigmatizadas como coitadinhas. Tornam-se brinquedo de quem as persegue. E, quanto mais tempo dura a intimidação, mais a lealdade dos amigos é perdida. A popularidade do agressor cresce na medida em que as vítimas são abandonadas e esquecidas. Como

45. Schafer, Mechthild. *Op. cit.*

sinônimos de fracasso, os alvos da violência só são lembrados quando cometem atos que escandalizam a sociedade.

Um exemplo que não pode deixar de ser mencionado, por causa da comoção social que causou e do destaque que recebeu da imprensa, foi o episódio da Columbine High School, na cidade de Littleton, no estado do Colorado, Estados Unidos. Em abril de 1999, os alunos Eric Harris e Dylan Klebold entraram armados na escola. Constrangidos pelas humilhações e intimidações feitas por dois atletas populares da escola, atiraram indiscriminadamente e assassinaram doze colegas e uma professora antes de cometerem o suicídio. A tragédia ganhou espaço em noticiários do mundo inteiro e virou também um documentário de Michael Moore, disponível em DVD, chamado *Tiros em Columbine*. Tudo indica que, num ato extremo, os dois jovens puseram fim ao sofrimento que se tornou insuportável para eles.

De vítimas a vilões. Acuados e isolados, os alunos vítimas de *bullying* passam a ter pensamentos destrutivos alimentados pela raiva reprimida. Nasce o desejo de "matar" a escola, de destruir o registro da dor, de tornar-se importante e lembrado de alguma forma. Em dramas como esse, apagam-se as linhas divisórias que classificam autores, vítimas e espectadores. Todos passam a integrar um único grupo: vítimas da violência. Pais e filhos, professores e alunos, toda a sociedade torna-se vítima. Quando uma tragédia como essa acontece, a humanidade inteira sente-se fracassada. Pais e educadores, comovidos com as conseqüências da violência que invade as salas de aula todos os dias, arrastando crianças e jovens para um caminho muitas vezes sem volta, nunca estão preparados para resolvê-las. Negá-las torna-se a única opção.

"Toda história é remorso", dizia Carlos Drummond de Andrade.[46] As marcas dessas histórias provocam a sensação de que sempre existe alguma coisa que alguém, em algum momento, poderia ter feito e não fez.

Para aqueles que ainda estão cegos diante dos acontecimentos locais, vamos inserir uma lista de tragédias recentes divulgadas pelos meios de comunicação do mundo inteiro. Todas impulsionadas pelo *bullying*.

Em 1997, o estudante de 13 anos Vijay Singh escreveu em seu diário: "Segunda-feira, lanche e dinheiro tomados a pauladas. Terça, bicha e chinês. Quarta, uniforme retalhado à faca. Quinta, sangue a jorros do nariz. Sexta, nada. Sábado, Liberdade". Sábado fora o dia em que o estudante se enforcara em casa com um lenço de seda. A tragédia aconteceu na cidade de Manchester, na Inglaterra.

No mesmo ano, nos Estados Unidos, na cidade de West Panducah, estado do Kentucky, um adolescente de 14 anos de idade, após a oração matinal na escola em que estudava, matou a tiros três colegas e feriu mais cinco alunos.

Também nos Estados Unidos, em 1998, ocorreram mais dois casos, em duas cidades distintas. O primeiro drama aconteceu na cidade de Jonesboro, no estado do Arkansas: dois estudantes, de 11 e 13 anos de idade, atiraram aleatoriamente em sua escola, matando quatro meninas e uma professora. A segunda tragédia foi na cidade de Springfield, no estado de Oregon, quando um adolescente de 17 anos matou a tiros dois colegas e feriu mais vinte alunos.

---

46. Andrade, Carlos Drummond de. *O avesso das coisas (aforismos)*. Rio de Janeiro: Record, 2007.

No dia 27 de novembro de 2000, Damilola, um menino de 13 anos, foi esfaqueado na perna por colegas da escola primária Oliver Goldsmith, em Peckham, subúrbio do sul de Londres. Ele sangrou até morrer na escadaria do prédio onde morava porque a facada atingiu a artéria femural. Foi encontrado por um pedreiro do prédio ao lado que, com a ajuda de moradores, ainda tentou salvá-lo, mas não conseguiu. Por ironia, sua família deixara a Nigéria, em virtude da violência no país, apenas cinco meses antes da tragédia. Segundo a mãe, Gloria Taylor, o filho era hostilizado pelos colegas por causa da nacionalidade. Ela contou também que, dias antes da morte, Damilola havia perguntado o que significava a palavra *gay*, pois era constantemente chamado assim pelos meninos. Naquela manhã, Gloria acompanhara o filho até a escola e conversara com o diretor que, segundo ela, não deu importância ao caso. Horas mais tarde, o caso "sem grande importância" transformava-se numa tragédia.

Em abril de 2002, na cidade alemã de Erkut, um jovem de 19 anos chacinou dezesseis pessoas – duas garotas, treze professoras, uma secretária e um policial que atendeu ao chamado de emergência – e, em seguida, suicidou-se.

No Brasil, em janeiro de 2003, em Taiúva (a 363 quilômetros de São Paulo), o adolescente Edmar Aparecido de Freitas deu fim a uma vida de humilhações e sofrimentos. Em desespero, feriu e se feriu para sempre. Apelidado de "elefante cor-de-rosa", "gordo", "mongolóide" durante onze anos, humilde e tímido, foi motivo de chacotas na escola. Por ser obeso, era perseguido diariamente. Depois de perder 30 quilos, as perseguições mudaram de conteúdo. Passou a ser conhecido por "vinagrão", por ingerir vinagre de maçã todos os dias, pela manhã, para ajudar no emagrecimento. Depois de completar o ensino médio, então com 18 anos, comprou um revólver e disparou contra cerca de cinqüenta pessoas, durante o horário de recreio da escola onde estudou. Os disparos atingiram sete pessoas. Todas sobreviveram, mas uma ficou paralítica. Edmar concluiu o desabafo desesperado suicidando-se com um tiro na cabeça.

Outro caso dramático registrado no Brasil aconteceu no dia 4 de fevereiro de 2004, em Remanso, na Bahia. Um adolescente de 17 anos, depois de ter sido preso, deixou claro o seu sofrimento e sua intenção de cometer uma chacina, pois havia planejado matar mais de cem pessoas. Disse que ficaria famoso na cidade por cem anos e seria lembrado como o "terrorista suicida brasileiro", pois pensava em se matar desde os 15 anos. Quem poderia esperar que um menino tímido e depressivo se transformasse no autor de uma tragédia? Por volta das 19h30, o jovem foi até a casa de um colega de 14 anos, que o provocava na escola, e o matou. Depois foi até a escola de informática para tentar matar uma professora de quem não gostava. Impedido de entrar, matou uma funcionária. Seu objetivo final era se matar, mas foi desarmado a tempo. Foi encaminhado para cumprir medida socioeducativa no município de Feira de Santana. Atualmente, está em liberdade assistida.

Em outubro de 2004, um adolescente de 15 anos, afirmando que se sentia diferente dos outros, matou três colegas e feriu outros sete em uma escola em Carmen de Patagones, na Argentina, 957 quilômetros ao sul de Buenos Aires. Rafael era um adolescente tranqüilo, calmo e tímido, de acordo com relatos. Alunos da escola disseram que ele havia discutido, na véspera, com Frederico, um dos jovens mortos. Detido, em estado de choque, não pronunciou sequer uma palavra depois dos treze disparos. Um caso que supera todos os limites da violência.

Também na Argentina, em 2004, após a execução do hino nacional, um adolescente de 15 anos matou a tiros quatro colegas da escola, sendo três meninas e um menino. Feriu gravemente mais cinco alunos. Depois, entregou-se à polícia.

Em 2005, o *bullying* foi um dos fatores que levaram Jeffrey Weise, um adolescente de 16 anos, a uma vida de isolamento antes de partir para o tiroteio desordenado de retaliação na Red Lake High School, em Minnesota, nos Estados Unidos, matando nove pessoas e a si próprio.

A mais recente tragédia aconteceu em abril de 2007, no estado da Virgínia. Foi o maior massacre em uma instituição de ensino da história dos Estados Unidos. Na manhã do dia 16, Cho Seung-Hui, de 23 anos, entrou armado na Universidade de Virginia Tech. Poucas horas depois, a polícia encontrou seu corpo entre os de outras 32 pessoas. Matou-as a tiro e em seguida se suicidou. "Morri como Jesus, para inspirar fracos e indefesos"; "Vocês me levaram a fazer isso". Sem especificar quem são "vocês", o sul-coreano Cho Seung-Hui deixou mensagens como essas, gravadas antes da tragédia. Chegado da Coréia do Sul em 1992, com 8 anos, Seung-Hui morava no *campus* da universidade. A família reside em Centreville, na Virgínia, e é proprietária de uma loja de limpeza a seco. Segundo um dos vizinhos da família Seung-Hui, o jovem era muito sossegado e estava sempre sozinho, jogava basquetebol, mas não respondia se alguém o cumprimentava. Alguns dos alunos que viviam no mesmo dormitório que Seung-Hui o consideravam igualmente pouco comunicativo.

Um porta-voz da universidade, Larry Hincker, sublinhou que Seung-Hui "era um solitário" e que seria difícil apurar mais informações sobre sua personalidade.

São acontecimentos que representam uma tristeza extrema para todos, porque, no fundo, todos são partes de cada um de nós. Parte daquilo que somos e sentimos é conseqüência da ação do outro. Assim, também, o outro é parte daquilo que somos capazes de nele despertar.

Ninguém nasce com vontade de matar. Ninguém é intolerante ou desequilibrado por vontade própria. É preciso despertar o que já é parte da natureza humana, e essa natureza é de solidariedade. Um traço inscrito no código de todos os seres, pois coexistimos, somos interdependentes.

"É inútil dormir que a dor não passa", diz Chico Buarque na canção "Bom Conselho". A brutalidade que nos afasta da condição de seres humanos destrói vidas. Para os sobreviventes, fica a ausência de sentido da condição humana. Existimos e a qualquer momento podemos deixar de existir, mudando todo o rumo da história.

A humanidade fracassa quando se distancia da sua essência.

O sentido da vida continuamente preocupou a humanidade. E perguntas como "por que estamos aqui?" sempre estiveram presentes nas indagações do homem, revelando suas inquietações. O homem nasce, cresce e morre. Nesse espaço de tempo, faz coisas que dão sentido à vida. A liberdade de se vestir e de se despir oferece à humanidade a oportunidade de mudar.

Como explicar o holocausto nazista ou a escravidão dos negros africanos, quando as pessoas perderam a total noção de sua humanidade? Nesses dois casos, pelo impulso da violência, a humanidade se desumanizou. A razão se perdeu, o sentido da vida foi desprezado. Quando começou isso? Quando foi que homens e mulheres, jovens e crianças abafaram a capacidade de conviver, de amar, de aceitar, de cuidar, de acolher, de sentir compaixão pela dor e pela angústia vivida pelo outro? E quanto isso custará ao homem?

Os escravos nos navios negreiros, se ainda eram humanos, nem eles mesmos sabiam, pois não mais se reconheciam como gente. Os que sobreviviam eram coisificados, tratados por "isso" ou "aquilo".

Vamos lembrar a descrição indignada de Castro Alves em seu poema "O Navio Negreiro", publicado pela primeira vez em 18 de abril de 1889, quando o poeta contava somente 22 anos de idade.

Presa nos elos de uma só cadeia,
A multidão faminta cambaleia,
E chora e dança ali!
Um de raiva delira, outro enlouquece,
Outro, que martírios embrutece,
Cantando, geme e ri![47]

O homem, pela lei da força, tinha direito de propriedade sobre outros homens, e tratava-os como mercadoria. A vida passava a valer mais ou menos de acordo com o sexo, a idade, a condição física, isto é, passava a valer de acordo com a possi-

47. Disponível em: <http://www.culturabrasil.org/zip/negreiro.rtf>. Acesso em: 28/5/2008.

bilidade de retorno financeiro que o escravo apresentava ao comprador. Embora a escravidão seja quase tão antiga quanto o homem, a descoberta da América foi um terrível coroamento dessa mazela social, com base na crença de suposta superioridade racial e cultural da raça branca. Darcy Ribeiro calculou que mais de 3,5 milhões de negros foram escravizados e trazidos da África para o Brasil entre 1559 e 1859.[48]

No nazismo, entre 1933 e 1945, milhões de pessoas perderam a dignidade e a vida em campos de concentração, preparados para matar em escala industrial. Os nazistas pregavam a superioridade da raça ariana, e os que não possuíam sangue ariano não deveriam ser tratados como seres humanos. A política anti-semita do nazismo visou especialmente aos judeus, mas não poupou ciganos, negros, homossexuais, comunistas e doentes mentais. Ou seja, sofriam aqueles que eram considerados diferentes.

Reencontrar o caminho, desenhar novas marcas da trajetória humana, reescrever a história de homens, mulheres, jovens e crianças, a ponto de tornar intolerável a violência, vai além da atitude pontual que impede e pune os autores de ações perversas. É preciso ajudá-los a não mais sentir o desejo e o prazer de praticar atos desumanos com o outro, resgatando um sentimento profundo de irmandade e de familiaridade, num movimento único de abraçar a todos, livres de qualquer distinção ou preconceito.

Aqui reside o talento de desenvolver a capacidade de entender e reconhecer o outro, de conviver e de compartilhar

---

48. Ribeiro, Darcy. *O povo brasileiro – a formação e o sentido do Brasil*. São Paulo: Companhia das Letras, 2005.

com pessoas diferentes de nós, de viver efetivamente uma experiência de amor, dando sentido e significado para a aventura humana. Uma maneira que a própria palavra *com*paixão sugere: compartilhar a paixão do outro e com o outro. Sofrer e alegrar-se com o outro. Andar o caminho do outro e nunca mais estar só. Perder a compaixão significa perder o sentido de humanidade. É inadmissível que, depois de tantos fracassos da humanidade – quando um povo, por qualquer motivo, julgou-se superior a outro; quando um grupo social quis aniquilar, escravizar ou tiranizar outro; quando um gênero se postou em superioridade –, não se tenha aprendido com isso. Filmes, documentários, museus – a história dessas tragédias deve servir como bússola para que não se repitam.

Fatos assim não podem se repetir. Por isso mesmo não se admite uma escola que incentive ou aceite qualquer tipo de preconceito, porque isso equivale a matar o próprio conceito de escola e de educação. Nem em brincadeiras, nem em assuntos sérios; nem nos corredores, nem nas salas de aula; nem no repertório de professores, nem no de alunos. Escola é espaço sagrado. E o sagrado não convive com o desumano.

É preciso estar atento para que a omissão não se torne uma conivência. Muitos alemães, na época do nazismo, diziam que não imaginavam o que acontecia a alguns metros de distância. Em relação aos negros, quantos chegavam a sentir piedade, vez ou outra, mas sem ação nenhuma contra a dor alheia! As grandes atrocidades, os crimes contra a humanidade nascem de mentes que se tornaram perversas ao terem suas pequenas atrocidades aceitas. Da dor cotidiana à dor da humanidade. Da omissão cotidiana ao olhar pasmo para o resultado cruel.

Se houver pouco tempo para ensinar, se apenas sobrar espaço para um único ensinamento, não há dúvida de que esse ensinamento deve ser o da compaixão ou, em outra palavra, o do amor. O amor que faz as pessoas serem amigas e, portanto, responsáveis pelas alegrias e tristezas umas das outras. Amizade que não deixa dormir em paz enquanto não forem curadas as chagas que incomodam o outro. Isso porque não há dor alheia: se alguém sofre, sofrem todos; se alguém fracassa, fracassam todos.

Nesta obra ilustramos apenas alguns casos de fracasso. São dolorosos. Causam impacto. A intenção foi esta mesmo: mostrar a dor, causar impacto. Porque continuam acontecendo casos de agressão que precisam ser impedidos. Mulheres ainda são apedrejadas por serem mulheres. Membros de tribos são mortos por serem dessas tribos. Gangues urbanas matam homossexuais por se sentirem no direito de condenar um comportamento diferente do que consideram correto. Toscas atitudes desumanas, que exterminam.

Não é demais repetir que, quando um fracassa, é a humanidade que fracassa. Quando um pai mata sua filha, é a humanidade que mata e que morre junto. Esse é o conceito do amor ampliado ou da amizade ampliada, de que já tratamos. E tudo isso começa na educação.

Capítulo 7

Experiências de sucesso

Você é isso
Uma beleza imensa
Toda a recompensa
De um amor sem fim

[...]

Você é isso
Luz que descortina
Um mundo encantador

Luiz Vieira, *Paz do meu amor*

Quando olhamos para a vida de pessoas de sucesso, ficamos imaginando que foram abonadas pela sorte, que o acaso e o destino deram conta de construir um caminho perfeito para a sua realização. Que não tiveram problemas. Que não enfrentaram obstáculos. Que não precisaram lutar para conquistar seus sonhos. Que não sofreram preconceito, humilhação ou exclusão. Que já nasceram com um caminho pronto para o sucesso.

Ledo engano. Fracassos e sucessos, conquistas e desafios caminham lado a lado. É o fruto do movimento dialético que nos faz aprender e ensinar, viver e conviver, contribuindo para a necessária tomada de consciência que permite o desenvolvimento humano e a evolução do conceito de humanidade.

Mas o que torna a história de vida das pessoas tão diferente? Talvez a resposta esteja na expectativa que cada um tem em relação ao seu futuro e na maneira como se relaciona com suas aspirações.

Ter ou não ter um projeto de vida, um ideal, contribui para a construção da identidade. A educação precisa considerar essa importante questão para que se torne significativa. Na escola, cada aluno precisa primeiro ter a oportunidade de se reconhecer e se compreender, para que comece a gostar de si e a acreditar em si mesmo. Desconsiderar essa importante questão é desconsiderar a pessoa. Muitas vezes, o desejo faz vencer muitas batalhas, mas não a guerra contra o preconceito.

Flávio era um menino simples, de família humilde. Apesar das dificuldades, sonhava ser dentista. Conta o pai que o dinheiro era duro de ganhar, mas fácil de gastar. O pai mantinha dois empregos para garantir o sustento da família. Valorizava o sonho do filho e o estimulava a estudar, pois acreditava que a melhor herança que um pai pode deixar para um filho é a educação. Quando Flávio passou no vestibular, a família comemorou muito, mas foram anos bem difíceis. A lista de materiais era equivalente ao preço de um carro. E o pai, que havia acabado de tirar um carro no consórcio, vendeu-o para pagar as despesas. O curso era o dia inteiro e Flávio não podia trabalhar. Para amenizar os custos assumidos pelo pai, ele montou um laboratório nos fundos da casa e começou a fazer algumas próteses. Seu trabalho era elogiado pelos dentistas.

O caminho não foi fácil. Flávio enfrentou dificuldades, entretanto não abandonou seu projeto de vida. Pai e filho permitiram-se sonhar. Flávio finalmente se formou. O menino humilde cresceu, virou homem e venceu os desafios, mas sua história de sucesso esbarrou no preconceito social. Venceu os desafios, contudo não ganhou a batalha contra o preconceito.

No dia 3 de fevereiro de 2004, o dentista Flávio Sant'Ana, de 28 anos, negro, foi confundido com um assaltante quando voltava do aeroporto, na cidade de São Paulo. Antes de poder se explicar, foi alvejado com dois tiros que encerraram sua história de sucesso.

O caso se tornou um referencial na luta contra o preconceito racial e a violência. A notícia do assassinato desencadeou manifestações, movimentos e posicionamentos das autoridades – os policiais foram condenados. Ficou, na memória, o registro da história de um menino humilde que cresceu, virou homem e se formou dentista. Flávio venceu, porém a humanidade fracassou.

Na primeira noite eles se aproximam
e roubam uma flor do nosso jardim.

E não dizemos nada.

Na segunda noite, já não se escondem;
pisam as flores,
matam nosso cão,
e não dizemos nada.

Até que um dia,
o mais frágil deles
entra sozinho em nossa casa,
rouba-nos a luz, e,
conhecendo nosso medo,
arranca-nos a voz da garganta.

E já não podemos dizer nada.[49]

---

49. Costa, Eduardo Alves da. *No caminho com Maiakovski*. Rio de Janeiro: Geração Editorial, 1986.

No dia 23 de setembro de 2001, o jornal *Folha de S.Paulo* publicava a história de Roberto, um ex-interno da Febem que conquistou o título de doutor pela USP. Na reportagem, uma de suas frases era esta:

> *Se você teve a sorte de alguém te abrir as portas, te dar uma oportunidade de trabalho, agora é hora de mostrar o seu valor pessoal, sem olhar para o passado. Eu nunca esperei que alguém tivesse dó ou pena de mim. Passar seis meses na Febem é pouco tempo para afetar um projeto de vida, não passa de um evento circunstancial.*

Seis meses é o tempo mínimo de internação recomendado pelos juízes da Infância e da Juventude a crianças e adolescentes autores de infração. O professor Roberto da Silva sabe do que fala: dos seus 42 anos de vida, o professor Roberto da Silva passou 24 confinado em instituições do Estado (sendo catorze em diferentes unidades da Febem – antigo nome da atual Fundação Casa – e sete na Casa de Detenção). Após a separação dos pais, mudou-se com a mãe e três irmãos de São José dos Campos (SP) para São Paulo. Passaram fome e perambularam pelas ruas durante quatro meses, até serem atendidos pelo Juizado de Menores, que determinou a internação das crianças na Febem e a da mãe num hospital psiquiátrico. A família acabou aí.

Aos 17 anos, ao sair da Febem, Roberto teve dificuldades para enfrentar sozinho a vida em liberdade. Arrumou emprego como *office-boy*, foi morar numa pensão, largou a escola na 5ª série e, pouco tempo depois, praticava pequenos furtos. Fez o caminho inverso ao dos internos da Febem: só começou a delinqüir depois de ter saído de lá. E foi novamente morar nas ruas até ser preso e condenado a 36 anos de prisão por crimes diversos.

Na cadeia, começou a estudar Direito sozinho e tornou-se um autodidata para advogar em causa própria. Teve bons resultados: conseguiu reduzir a pena a um quinto da condenação. Em liberdade, em 1984, ajudou a organizar os que ficaram presos para defender seus direitos. Mas, diante da oposição do Poder Judiciário, resolveu tentar a vida em outra praia.

Durante doze anos, foi missionário da Igreja da Unificação, do reverendo Moon, na qual estudou Teologia num curso livre. Só aos 33 anos resolveu voltar à escola regular. E não parou mais. Fez o supletivo de primeiro e segundo graus, formou-se em Pedagogia pela Universidade Federal do Mato Grosso e tornou-se mestre pela Universidade de São Paulo, em 1996, com uma dissertação que virou livro.[50] Como doutor em educação, Roberto da Silva se tornou responsável pela área de Metodologia Científica da Universidade Santana e começou a dar palestras para professores do município sobre a relação entre a escola e o Estatuto da Criança e do Adolescente.

Charlie Chaplin, o famoso comediante inglês, morto em 1977, compôs a letra para uma canção cuja melodia foi escrita por G. Parson e J. Turner.[51]

---

50. Silva, Roberto da. *Os filhos do governo*. São Paulo: Ática, 1997.

51. Eis a letra original da canção "Smile" (tradução nossa):
Smile though your heart is aching/Sorria, embora seu coração sofra
Smile even though it's breaking/Sorria, embora o coração esteja partido
When there are clouds in the sky, you'll get by/Quando o céu estiver nublado, você sobreviverá
If you smile through your fear and sorrow/Se você sorrir entre o medo e a dor

O compositor Braguinha produziu uma versão, gravada por Djavan, que alterou ligeiramente o espírito da canção:

Sorri

Sorri
Quando a dor te torturar
E a saudade atormentar
Os teus dias tristonhos, vazios
Sorri
Quanto tudo terminar
Quando nada mais restar
Do teu sonho encantador
Sorri
Quando o sol perder a luz
E sentires uma cruz
Nos teus ombros cansados, doloridos
Sorri
Vai mentindo a tua dor
E ao notar que tu sorris

Smile and maybe tomorrow/Sorria, e quem sabe amanhã
You'll see the sun come shining through for you/Você verá o sol brilhando para você
Light up your face with gladness/Ilumine seu rosto com a alegria
Hide every trace of sadness/Esconda cada traço de dor
Although a tear may be ever so near/Embora uma lágrima esteja perto de cair
That's the time you must keep on trying/É hora de continuar tentando
Smile, what's the use of crying?/Sorria, de que ajuda chorar?
You'll find that life is still worthwhile/Você verá que a vida ainda vale a pena
If you just smile/Se você apenas sorrir

Todo mundo irá supor
Que és feliz[52]

Na obra de Lewis Carroll, *Alice no País das Maravilhas*, que já citamos nesse livro, aparece, em uma das cenas, um gato que observa Alice de cima de uma árvore. Alice, desorientada, faz ao gato uma pergunta: "Para onde vai esta estrada?". O gato replica: "Para onde você quer ir?". Ela diz: "Não sei, estou perdida!". O gato então completa: "Para quem não sabe para onde vai, qualquer caminho serve...".

A escolha certa é aquela que sinaliza o caminho para o alcance das mais profundas aspirações. Não tê-las significa, muitas vezes, optar por trilhas mais fáceis, mais rápidas, de prazeres momentâneos, que não levam ao encontro da felicidade. O papel da educação é nutrir e expandir essa vontade interior, proporcionando a cada indivíduo a descoberta da sua maneira peculiar de ser feliz e de levar a cabo seus projetos de vida, seus projetos de felicidade.

Era uma vez um menino chamado Edson. Seus pais eram pobres e pouco instruídos. Dentro de sua casa, a leitura era proibida, já que o pai acreditava que ler estragava a vista. Edson perdeu quatro anos do curso primário. Isso mesmo. Foi reprovado quatro vezes ainda no primário. Muita gente dizia que isso significaria fracasso para a vida inteira.

Para ajudar a família, engraxava sapatos e, como a concorrência nas ruas era grande, oferecia o serviço na casa das famílias ricas de Guarantã, a 370 quilômetros de São Paulo. Assim

52. DVD *Djavan. Programa Ensaio*. TV Cultura, 1999.

conheceu Moacyr Carneiro Junqueira, um médico que atendia as pessoas de graça. O menino admirava o doutor Moacyr e resolveu que seria como ele. Assim, mudou-se para o Rio de Janeiro, passou a dividir uma quitinete de 30 metros quadrados com nove estudantes, a fazer a faxina do lugar para pagar o aluguel e a dormir no chão durante todo o período em que cursou a Faculdade Nacional de Medicina, a mesma do doutor Moacyr. Antes de concluir o curso, conseguiu um emprego de plantonista na quase falida Clínica São José, na Baixada Fluminense. Com salários atrasados, negociou: queria sua parte em sociedade. A clínica passou de 60 para mais de 600 partos por mês e Edson nunca mais parou.

Pela determinação, Edson mudou o rumo de um destino que parecia preestabelecido pelas circunstâncias. Ele tinha uma aspiração. Ganhou fama e dinheiro, mas não perdeu a humildade nem o respeito pelo próximo.

Esta é a surpreendente história de Edson de Godoy Bueno, o presidente da Amil.[53] Um médico proveniente de uma família humilde que ergueu um império na área da saúde. "Edson sempre foi um visionário, com uma determinação incrível de vencer", disse Paul Dinsmore, que trabalha com o empresário no planejamento de sua carreira.

Edson Bueno conta sua trajetória entre lágrimas e gargalhadas. Um fato marcante de sua história foi conhecer o doutor Moacyr, esse homem que passou a servir de referencial. A partir desse encontro, estudar tinha ganhado um sentido: ser médico como o doutor Moacyr e atender os doentes.

---

53. A Amil Assistência Médica Internacional é uma operadora de saúde brasileira, fundada em 1978 por Edson de Godoy Bueno.

Aprender a aprender, com os desafios enfrentados no dia-a-dia, talvez seja o grande segredo para a conquista da felicidade. As pessoas costumam olhar os bônus dos outros, no entanto ignoram os ônus da trajetória. Todas as passagens da vida se constituem de momentos de aprendizagem. Mas é difícil considerar aquelas que causam dor e sofrimento – a vontade é de descartá-las, fazer que desapareçam. Contudo o problema não é sofrer. É não viver.

O tempo não vivido jamais será recuperado. Os demais são armazenados para sempre, na memória. Há coisas que só são compreendidas depois de muito tempo. Há passagens da vida que no momento vivido não se encaixam, não fazem sentido, poderiam não existir. Porém, um dia, descobrimos a importância dessa vivência. Nada é fruto do acaso, mas das escolhas, dos caminhos, das experiências motivadas pelas mais profundas aspirações.

Capítulo 8

O papel da família

Das muitas coisas
Do meu tempo de criança
Guardo vivo na lembrança
O aconchego do meu lar
No fim da tarde
Quando tudo se aquietava
A família se ajuntava
Lá no alpendre a conversar

Meus pais não tinham
Nem escola e nem dinheiro
Todo dia o ano inteiro
Trabalhavam sem parar
Faltava tudo
Mas a gente nem ligava
O importante não faltava
Seu sorriso, seu olhar

Padre Zezinho, *Utopia*

A história da família se confunde com a história da humanidade. A família é uma entidade que acompanha a existência humana. Coleciona sucessos e fracassos, correções e irregularidades. Segue e realiza diferentes rumos, conceitos, transformações, arquiteturas e desvios da própria história da humanidade.

A origem da palavra família vem do grego *famulo* e significa servo. Servir é a etimologia. Segundo o *Dicionário etimológico da língua portuguesa,*[54] de José Pedro Machado, a palavra família entrou em nossa língua no século XVI, através do latim *familia*, que significava o conjunto de escravos da casa; todas as pessoas ligadas a qualquer grande personalidade. *Famulus*, no singular, é servo ou empregado doméstico. Família é uma palavra cognata em pelo menos catorze línguas, mesmo em idiomas distantes do ramo latino, como o albanês (*familje*), o dinamarquês (*familie*), o húngaro (*família*) e o sueco (*familj*).[55]

---

54. Lisboa: Livros Horizonte, 1990. Originalmente editado em 1952, é considerado um dos mais importantes dicionários da língua portuguesa.

55. Disponível em: <www.linguaestrangeira.pro.br/voce_sabia.htm>. Acesso em: 28/5/2008.

O processo de constituição da família nasceu da necessidade da preservação da espécie. Para competir com animais mais fortes e velozes, o homem pré-histórico precisou se agrupar, se congregar, se vincular a outros da mesma espécie, desenvolvendo habilidades necessárias de autopreservação. A solidariedade surgiu na raiz desse processo, aproximando as pessoas e permitindo que saíssem da animalidade, a caminho da humanidade.

A partir de então, o homem não estaria mais sozinho. Alegria, tristeza, conquistas e desafios seriam compartilhados. Era o cerne do primeiro núcleo social, a família. Lugar onde todos os membros estão generosamente a serviço de todos os membros.

Os pais, de alguma forma, contribuem para a descoberta da razão de existir. É numa estrutura familiar sólida que a criança e o adolescente vão suprir suas necessidades de amor, de valorização, de limites e de coerência. Valores que contribuem para o desenvolvimento de habilidades de autodefesa e auto-afirmação.

No que se refere à família, não há receitas prontas de sucesso, tampouco modelos específicos de educação. Nascemos numa família que pode ser tradicional, formada por pai, mãe e filhos vivendo num mesmo ambiente chamado de lar, ou pode ser de pais e mães divorciados, ou viúvos, que criam seus filhos sozinhos, pensando ou não em se casar de novo. Também pode ser um ambiente familiar onde os pais criam seus filhos acompanhados de um novo cônjuge, que assume filhos de outros, frutos de um relacionamento anterior. Ou, ainda, pode ser um ambiente familiar em que os filhos são criados pelos avós ou por outras pessoas. Os diferentes modelos são frutos de arranjos e demandas contemporâneas. Seja qual for a estrutura, todas necessitam de responsabilidade que convoque pais/responsáveis e filhos ao exercício de suas funções.

Independentemente de sua configuração, a família nunca deixará de ser a referência mais importante para o indivíduo. É fundamental considerar que os pais são os principais modelos de identificação dos filhos. Machado de Assis já afirmava que "o menino é pai do homem", e esse homem é filho dos sonhos do menino, dos desejos, das escolhas, das oportunidades, dos modelos observados.

O menino é pai do homem

Cresci; e nisso é que a família não interveio [...] Sim, meu pai adorava-me. Minha mãe era uma senhora fraca, de pouco cérebro e muito coração, assaz crédula, sinceramente piedosa, caseira, apesar de bonita, e modesta, apesar de abastada; temente às trovoadas e ao marido. O marido era na Terra o seu deus. Da colaboração dessas duas criaturas nasceu a minha educação, que, se tinha alguma coisa boa, era no geral viciosa, incompleta e em partes negativa. Meu tio cônego fazia às vezes alguns reparos ao irmão; dizia-lhe que ele me dava mais liberdade do que ensino e mais afeição do que emenda; mas meu pai respondia que aplicava na minha educação um sistema inteiramente superior ao sistema usado; e por esse modo, sem confundir o irmão, iludia-se a si próprio.

De envolta com a transmissão e a educação, houve ainda o exemplo estranho, o meio doméstico. Vimos os pais, vejamos os tios. Um deles, o João, era um homem de língua solta, vida galante, conversa picaresca. Desde os onze anos entrou a admitir-se às anedotas reais ou não, eivadas todas de obscenidades ou imundície. Não me respeitava a adolescência, como não respeitava a batina do irmão; com a diferença de que este fugia logo que ele enveredava por assunto escabroso. Eu não; deixava-me estar, sem entender nada, a princípio, depois entendendo, e enfim achando-lhe graça. No fim de certo tempo, quem o procurava era eu; e ele gostava muito de mim, dava-me doces, levava-me a passeio. [...]

Bem diferente era o tio cônego. Esse tinha muita austeridade e pureza; tais dotes, contudo, não realçavam um espírito superior, apenas compensavam um espírito medíocre. Não era um homem que visse a parte substancial da Igreja; via o lado externo, a hierarquia, as preeminências, as sobrepelizes, as circunflexões. Vinha antes da sacristia do que do altar. Uma lacuna no ritual excitava-o mais do que uma infração nos mandamentos. [...] Cônego foi a única ambição de sua vida; e dizia de coração que era a maior dignidade a que podia aspirar. Piedoso, severo nos costumes, minucioso na observância das regras, frouxo, acanhado, subalterno, possuía algumas virtudes, em que era exemplar, mas carecia absolutamente da força de as incutir, de as impor aos outros.

Não digo nada da minha tia materna, dona Emerenciana, e aliás era a pessoa que mais autoridade tinha sobre mim; essa diferençava-se grandemente dos outros; mas viveu pouco tempo em nossa companhia, uns dois anos. Outros parentes e alguns íntimos não merecem a pena de ser citados; não tivemos uma vida em comum, mas intermitentes, com grandes claros de separação. O que importa é a expressão geral do meio doméstico, e essa aí fica indicada – vulgaridade de ca-

racteres, amor das aparências rutilantes, do arruído, frouxidão da vontade, domínio do capricho, e o mais. Dessa terra e desse estrume é que nasceu esta flor.[56]

A família, primordialmente, constitui-se de laços biológicos e vínculos sanguíneos, porém sua coexistência perdura pelo afeto, amizade, solidariedade e amor para a superação de toda dor e incerteza, encontros e desencontros. O amor é um sentimento que brota da necessidade de privacidade, mas que conserva a noção de cumplicidade e amizade. Do amor nasce a relação de confiança, cumplicidade e responsabilidade com a vida do outro. Sentimento que sustenta a teia de relações e gera reflexos positivos em todos os demais segmentos sociais. As interações amorosas existentes na família não são apenas um processo natural; apesar de serem parte da essência humana, necessitam ser aprendidas pela vivência e pelo exercício diário para que se tornem elementos do cotidiano, para que sejam incorporadas e para que se transformem em instrumentos da teia social. É preciso que pais se questionem sobre os instrumentos de troca que estão oferecendo a seus filhos.

Quando a família abre mão desse aprendizado, abre também espaço para a violência, para as atitudes que enfraquecem e isolam atrás de grades, muralhas e guaritas. A violência que invade ou nasce no espaço familiar se expande para todos os outros segmentos da sociedade como uma teia de relações destrutivas que se reproduz e contamina os ambientes e as pessoas.

56. Assis, Machado. *Obra completa de Machado de Assis*, v. I, Rio de Janeiro: Nova Aguilar, 1994. "O menino é pai do homem" é o título do capítulo XI do livro *Memórias póstumas de Brás Cubas*.

Condenamos as guerras, as ações terroristas, a violência nas escolas e nas ruas e, sem nos darmos conta, muitas vezes convivemos com a violência em nossos lares. São gritos de intolerância ("Não agüento mais essa bagunça!"); de inflexibilidade ("Não pode e pronto, não é não!"); de incompaixão ("Isso é bobagem de criança, quando crescer vai ver o que é problema de verdade!"). Pessoas agrupadas, vivendo ilhadas sob o mesmo teto, sem espaço para trocar gentilezas, para fazer planos, para falar sobre os medos e as angústias, para compartilhar sonhos.

A violência não é um fenômeno firmado apenas numa decisão individual. Invariavelmente, surge em decorrência de um contexto social favorável (ou desfavorável). O autor do *bullying* não escolheu apenas agredir: em algum momento descobriu que poderia fazê-lo sem ser punido e, ainda, ganhar fama e prestígio com o feito. As vítimas também não desejaram ser escolhidas. Autores e alvos reagem à violência de maneiras diferenciadas, de acordo com habilidades desenvolvidas ou modelos registrados e, ao enfrentarem essa realidade, fazem escolhas. E quem pode ser culpado por essas escolhas? Os pais? Os professores? Os colegas? A família? A escola? O grupo social?

Toda escolha é pessoal. Mas, para fazer escolhas prudentes, é preciso reconhecer a própria necessidade, desvelar o desejo e a aspiração que a impulsiona. A prudência está ligada às implicações decorrentes, já que toda escolha produz conseqüências para a nossa vida e para a vida dos outros. Fazer escolhas pelo simples impulso de exercitar a conquista da liberdade e do poder pode fazer, dos *bullies*, escravos da violência, e das vítimas, prisioneiras da violência. É importantíssimo que os pais ajudem, incentivem, permitam aos filhos o exercício da escolha prudente, que é um aprendizado do uso da liberdade. No entanto, como ensinar o caminho da melhor escolha?

Cada pessoa tem um repertório interno povoado de emoções, desejos e aspirações, e a educação é o caminho para transformar todos esses sentimentos em projetos de vida, o que reacende o sentido de viver. A ausência de um ideal nos afasta de projetos participativos, de valores significativos que nos façam sentir participantes da construção do nosso tempo e de um mundo melhor.

A maioria dos pais quer o melhor para os filhos. Procura fazer o máximo dentro de suas possibilidades. É comum ouvirmos expressões de surpresa como: "Onde foi que eu errei?", "Eu fiz tudo por ele!", "Sempre lhe dei tudo do bom e do melhor...". Mas a questão é: bom e melhor para quem?

Antes mesmo de nascer, a criança herda as aspirações dos pais. É inegável que filhos inteligentes, sadios, sempre educados, limpos, bem desenvolvidos, com habilidades físicas e esportivas, além de belos, despertem vaidade e orgulho nos pais. Todavia, os filhos nem sempre correspondem a esses modelos preestabelecidos. Podem não ser os melhores da classe, podem ser tímidos e retraídos, não gostar de esportes, podem ter alguma limitação física, emocional ou intelectual que os impeça de realizar as aspirações dos pais. Em muitas dessas situações, os filhos podem trazer à tona sentimentos mal resolvidos dos próprios pais. Na escola, em geral, a expectativa não é diferente. Professores esperam receber alunos inteligentes, interessados, disciplinados e silenciosos; quando isso não acontece, não ocultam a frustração. Para o grupo de colegas, não corresponder aos padrões estabelecidos pode ser sinônimo de exclusão e ridicularização. Todos esses temas influenciam nas escolhas pessoais.

Como lidar com as próprias frustrações, somadas às frustrações dos pais e dos professores? Como lidar com os próprios desejos, tendo de corresponder aos anseios dos outros? Como lidar com atitudes que, muitas vezes, reforçam o desamor e a falta de aceitação?

"Aprenda alguma coisa de bom com o seu primo!"

"Suma da minha vista!"

"Você precisa aprender a ser mais educado!"

"Assim você me mata de vergonha!"

"Não sei quando você vai aprender!"

"Você não gosta nem um pouco de mim!"

"Você não merece os pais que tem!"

"Desse jeito você vai ser infeliz para o resto da vida!"

"Eu nunca tive as oportunidades que você tem, tudo que conquistei foi fruto do meu esforço!"

"Se continuar assim, nunca terá amigos!"

"Contarei tudo para o seu pai!"

"Seus amigos não sabem quem você é realmente!"

"Você não é mais uma criança!" / "Você ainda não é um adulto!"

"Veja se estuda pra ser alguém na vida!"

"Comporte-se como gente!"

Crianças têm sentimentos iguais aos dos adultos ou ainda mais intensos. São capazes de identificar coisas boas e ruins. Entretanto, por vezes, nos esquecemos disso. Fica parecendo que a pouca maturidade é sinônimo de pouco discernimento, pouco sentido na vida, poucos planos, poucos projetos, pouca memória para registrar atitudes que marcam violentamente suas experiências. Mães zelosas e pais protetores muitas vezes não se dão conta de algumas posturas agressivas.

Certa vez, ouvi uma mãe "zelosa" gritar com o filho na porta da escola, no horário de saída, na frente de outros amiguinhos e outros pais. Sacudia a criança, limpando-lhe o tênis cheio de barro e gritando furiosa para quem quisesse ouvir: "Como você é porco! Olhe só o estado do seu tênis! Sempre você tem que ser mais descuidado que os outros! Eu disse para não se sujar, pois vamos direto para o médico! Todo mundo no consultório vai ver que você é um porco!".

A criança foi colocada em evidência à frente de todos. Em silêncio, registrava a vergonha e o ódio da situação criada pela mãe. E a mãe, cheia de razão, só queria o melhor.

As palavras proferidas da "boca pra fora", na hora do nervosismo, não isentam os pais da culpa. Toda palavra provoca transformação interna; quando positiva, contribui para que a criança e o adolescente encontrem equilíbrio, confiança, autoconfiança e auto-estima para reagir de modo saudável às frustrações da vida. Quando negativa, pode deixar vazios que talvez jamais venham a ser preenchidos positivamente ao longo da vida.

A criança sente que tem apoio quando se acostuma a ouvir frases como estas: "Você é capaz." "Não tem problema. Todo mundo erra. Vamos tentar de novo." "Filho, eu já passei por isso. Fique tranqüilo. Estou do seu lado." "Sua presença me agrada. Você me faz feliz."

A criança, estimulada com essas aproximações, tende a se sentir amada. Um simples "Parabéns!", com um olhar de ternura, de cumplicidade, quase sempre é suficiente para que a criança se sinta satisfeita, reconhecida, capaz de melhorar cada vez mais.

Às vezes não é nem a palavra de incentivo – é apenas o gesto. A criança que chega da escola antes do almoço e recebe o abraço gostoso do pai ou da mãe. O aluno que entra na sala de aula e encontra o professor que sorri e o trata pelo nome. O nome – já escrevemos sobre a importância do nome. O aluno, quando se sente valorizado, não precisa de atitudes extremas para chamar a atenção. Basta-lhe a recepção amiga, acolhedora. Mas é tão difícil convencer as pessoas responsáveis sobre a sua importância!

O que parece simples produz efeitos para a vida, desde que sejam falas verdadeiras e convertam-se em hábitos na relação entre pais e filhos, professores e alunos. O elogio é uma das armas mais poderosas para fortalecer a autovalorização, a autoconfiança e a auto-estima da criança. Cada um compartilha com o outro aquilo que traz como bagagem. Os pais devem estar atentos às bagagens transportadas pelos filhos. A nossa "bagagem" nunca fica vazia. O espaço não preenchido pela família acaba sendo preenchido por alguém que, não necessariamente, fortalecerá a auto-imagem da criança e do jovem.

Os pais são espelhos para os filhos – isto é, os filhos acreditam ser como os pais lhes dizem que são. Elogios sinceros, sem demagogias nem exageros, funcionam como prêmios – e premiações são sempre bem-vindas. Cumprir as expectativas dos pais não pode, absolutamente, ser uma forma de comprar carinho e confiança. A criança precisa estar segura de que os pais serão razoáveis diante dos desapontamentos e que serão os primeiros a encorajá-la, proporcionando oportunidades para transformar desafios em conquistas, temores em valores, erros em acertos.

Para os pais mais desatentos é preciso deixar claro que os filhos sinalizam, pedem socorro.

Na ausência da fala, a criança pequena apela para choro, gritos e manhas, demonstrando que as coisas não estão bem. O problema pode ser sono, fome, cólica, carência de um colinho mais aconchegante, dentre outros. Os pais são vencidos pelos gritos ou pela persistência da criança, que não desiste até ser acolhida em sua necessidade.

Nem sempre esses sinais são ruidosos. Algumas vezes são tão silenciosos que passam despercebidos. O *bullying* é uma violência silenciosa, e a vítima nem sempre tem em sua "bagagem" habilidades pessoais desenvolvidas para livrar-se da agressão, ou nem sempre encontra espaço para compartilhar com os pais o sofrimento por qual ela passa. Contudo, é importante que os pais estejam atentos a alguns indicadores suspeitos, que vão dos mais simples aos mais desesperados pedidos de socorro:

- **Desinteresse pela escola:** a criança ou o jovem inventa desculpas para faltar às aulas, demonstra falta de vontade de ir para a escola; tem preguiça de acordar nos dias de aula; sente mal-estar súbito quando se aproxima a hora da entrada; pede para trocar de escola.
- **Abandono dos estudos:** demonstra desleixo gradual nas tarefas escolares e queda no rendimento escolar.
- **Medo da escola:** não quer mais ir e vir sozinho; pede para ser acompanhado no trajeto; muda freqüentemente o caminho entre a casa e a escola.
- **Marcas da intimidação:** volta da escola com roupas e livros rasgados, muitas vezes com machucados inexplicáveis; perde, repetidas vezes, seus pertences ou dinheiro; pede dinheiro à família ou chega até a furtá-lo; apresenta gastos altos na cantina.

- **Sinais de isolamento:** raramente está com amigos; torna-se fechado e arredio; apresenta manifestações de baixa auto-estima (considera-se feio, gordo, baixo, "burro", não se sente capaz de fazer as coisas); não é convidado pelos amigos para as festinhas da escola; evita falar sobre o que está acontecendo, dá desculpas pouco convincentes, quando questionado; passa horas jogando no computador.
- **Mudança de comportamento:** muda de humor de maneira inesperada; fica agressivo com os pais; demonstra angústia, tristeza, infelicidade, aflição, ansiedade e depressão; tem pesadelos freqüentes, chegando a gritar por "socorro" ou "me deixe" no meio da noite, apresenta queixas de dores de barriga ou de cabeça, tontura, enjôo, pouco apetite, vontade de dormir. Em caso de extremo desespero, pode tentar ou cometer o suicídio.

O agressor também apresenta comportamentos comuns, identificados pelas pesquisas, que devem despertar a atenção dos pais:

- **Ar de superioridade:** chega da escola com a roupa amarrotada e não esconde o ar de superioridade e orgulho pelo feito.
- **Sinais suspeitos:** porta objetos e dinheiro de procedência inexplicável.
- **Agressividade:** é hostil, desafiante e agressivo com os pais e os irmãos. No enfrentamento, não leva em conta a hierarquia familiar, a idade ou a força física.

- **Habilidade:** normalmente é habilidoso para sair de situações de constrangimento.
- **Dominação:** domina ou tenta dominar as pessoas para exteriorizar sua autoridade.

Todos esses sintomas acabam sendo expostos em uma dinâmica familiar. Há agressividades temporárias e pontuais, geralmente transitórias, que costumam acompanhar acontecimentos inéditos: o nascimento de um irmãozinho, a separação dos pais, a perda de um ente querido, um desentendimento com um amigo. Mas há crianças que estão sempre provocando briga entre os irmãos e até entre os pais. A dinâmica familiar pode reforçar a violência, principalmente quando faltam regras claras, quando falta coerência entre os valores proclamados e vivenciados e, sobretudo, quando falta afetividade nas relações familiares.

Outro fator de relevância que pode contribuir para reforçar as ações dos *bullies* é a presença de modelos autoritários e repressores, que usam de agressividade e explosão para solucionar os conflitos. Crianças e jovens imitam aqueles que admiram. O pai agressor, que intimida o filho, pode gerar um filho agressor que desconta nos outros o que não consegue fazer com o pai. Ou o pai que não demonstra interesse pelos filhos pode gerar um filho que agride os outros para chamar a atenção.

Alguns comportamentos são originados da má educação. Muitos filhos se valem de ferramentas de manipulação e esperam que, em casa, todos façam a sua vontade, pois foram malacostumados e querem que suas ordens sejam atendidas. São crianças que, por terem sido mimadas, se tornam autoritárias. Há aquelas que gostam de desafiar as regras e experimentar sensação de poder. E há aquelas que, já vitimadas por informações afetivas que receberam, não se sentem bem com outras crianças, tendo dificuldade de relacionamento. Preferem a solidão de um mundo impenetrável. Sofrem em silêncio e não sabem partilhar a dor. Essas merecem um cuidado ainda maior. Sem serem invasivos, os pais e educadores devem, com cuidado, ajudá-las a sair desse mundo obscuro da solidão. Solidão é diferente de silêncio, reflexão, aconchego. É absolutamente saudável uma criança que goste de se recolher e ler em silêncio, ouvir música ou, simplesmente, estudar. O que causa preocupação é a que se tranca em todos os momentos e parece temer a presença de alguém.

Os autores do *bullying* são crianças e jovens que precisam mais de ajuda do que de punições, para que, desse modo, o ciclo de violência se quebre. Imaginem a situação de um menino que volta da escola dizendo que apanhou dos colegas e apanha ainda mais do pai, por ter sido fraco. Essa criança pode ter dois tipos de comportamento: ou nunca mais vai dizer ao pai que apanhou ou que sofreu, ou se transforma em uma pessoa capaz de bater em outros mais fracos para exibir isso com orgulho ao pai e receber sua aprovação. Exemplos assim não são incomuns. Pais querem filhos perfeitos e vencedores. Talvez isso também seja uma projeção de pais que, na vida, se sentiram imperfeitos e perdedores.

Algumas experiências familiares prejudicam o desenvolvimento de habilidades das crianças que as ajudem a lidar com a agressão e o agressor:

- **Ambiente dominador:** pais dominadores, soberanos, autoritários, excessivamente rígidos e exigentes contribuem, em alguns casos, para tornar os filhos agressivos e rebeldes. Pode acontecer, ao contrário, de esse ambiente gerar uma personalidade insegura e instável. São crianças que vivem atemorizadas e têm sérias dificuldades para a adaptação aos grupos de brincadeiras ou de estudo. Isoladas, acabam se tornando alvos fáceis.

- **Ambiente superprotetor:** pais superprotetores acabam oferecendo aos filhos mais ajuda do que eles precisam. Na tentativa de livrá-los de qualquer frustração ou ameaça, tentam resolver, por eles, todos os problemas. A superproteção também pode camuflar a falta de confiança dos pais na capacidade do filho de enfrentar situações próprias da idade. Esse apego exagerado torna a criança dependente dos outros, buscando sempre atenção, aprovação. Não confia em suas decisões e não contribui com resoluções valiosas para seu grupo, que acaba excluindo-a naturalmente.
- **Ambiente passivo:** normalmente a passividade beira a omissão e a indiferença. A indiferença pode se converter em rejeição. Os filhos reproduzem em suas relações com os colegas aquilo que aprenderam em casa. Se a "bagagem" está cheia de frieza e indiferença, é o que será oferecido aos outros. Costumam ser crianças tristes que fogem da convivência com outras. Neste caso, faltou o elemento central na dinâmica familiar: o afeto.

Nem permissivos, nem autoritários, nem passivos, nem superprotetores. Na vida, tudo é uma questão de equilíbrio. Falar demais é um problema, e de menos também. Comer demais faz mal para a saúde, comer de menos também. Na dieta balanceada, recomendada por médicos e nutricionistas, há sempre um pouco de tudo. Há quem busque o equilíbrio no bom senso, sendo essa a decisão mais trabalhosa, pois exige a escolha e a responsabilidade pela escolha. Há quem busque equilíbrio no senso comum, e essa decisão é menos trabalhosa, porque basta fazer o que todo mundo ou a maioria está fazendo. E, nesse diapasão, a culpa pelos resultados desastrosos é sempre dos outros.

Um **ambiente participativo** tem grandes chances de propiciar o equilíbrio: é um espaço capaz de encorajar e favorecer o desenvolvimento e a manifestação de diferentes talentos e habilidades. A melhor maneira de promover a participação é envolver efetivamente os filhos na dinâmica familiar com divisão de tarefas e responsabilidades, esbanjando afeto e amor. No lar participativo, os filhos exercitam a liberdade, a autonomia, a escolha, a participação nas conversas e nas tomadas de decisão, obviamente de acordo com a maturidade de cada um.

Está mais do que comprovado que, quando as relações familiares são adequadas à participação e à convivência, as chances de os filhos terem um bom convívio social fora de casa são maiores. É preciso, portanto, que cada família encontre o equilíbrio entre estabelecer regras progressivas e compartilhadas e compreender as dificuldades enfrentadas pelos filhos. Regras sem compreensão tornam o ambiente autoritário e repressivo. Compreensão sem regras molda um ambiente permissivo.

O ambiente participativo se constrói com a presença, o modelo e o diálogo. Pais presentes, não em quantidade de tempo, mas em qualidade, reconhecem pelo olhar que algo não está bem. São modelos de generosidade, pois compartilham com os filhos os desejos, as emoções, as experiências de vida. São exemplos de humildade, pois se permitem aprender com as crianças. São sinônimos de honestidade, pois praticam os discursos que pregam e sempre encontram estratégias para manter aberto o canal de comunicação e diálogo com os filhos. Pais e filhos tornam-se amigos.

Pela vivência da amizade no lar, a criança desenvolve habilidades para distinguir os amigos verdadeiros dos falsos, para fazer amigos e ser um bom amigo. A amizade é o antídoto da violência.

É evidente que é melhor prevenir do que remediar. Há, no entanto, muitos pais que reconhecem que erraram e gostariam de reverter o mal que já causaram aos filhos. Não há receitas prontas para retirar traumas ou bloqueios. Há possibilidades. Há atitudes que nascem da humildade de reconhecer o erro e da decisão de fazer algo que ajude a reverter os problemas que já aconteceram.

Viver de lamentações e buscar a nostalgia de um tempo que não existe mais – ou talvez nunca tenha existido – não resolve. "No meu tempo os alunos respeitavam os professores e os filhos obedeciam aos pais", "Na minha época não havia tanta violência", "Na minha época o mundo era bem melhor!". Mas será mesmo que os pais acreditam nessas afirmações? Os tempos não são melhores ou piores; os tempos são outros. As mudanças resultam de transformações e acomodações que existiram e que continuarão existindo. Talvez, antigamente, a violência preocupasse menos, todavia o sofrimento no âmbito familiar era ainda mais sério. Os massacres físicos ou morais dificilmente eram detectados. A mulher, que até hoje muitas vezes é vítima da violência covarde do companheiro, era ainda mais humilhada, sem ter a quem recorrer.

Não havia lei que a protegesse, como não havia lei que protegesse de maneira eficiente a criança e o adolescente. Hoje, não é por falta de legislação que mulheres e crianças são vitimizadas – é por falta de atitude. A acomodação não ajuda a construir comportamentos adequados. A mulher que apanha do companheiro e não toma atitude nenhuma não prejudica apenas a si mesma, mas aos filhos. A mulher que aceita passivamente a vida inadequada do marido, com medo do abandono, também cria um conceito de gênero inadequado nos filhos. O exemplo, as atitudes, a correção, tudo isso há de acompanhar os filhos por toda a vida.

Os pais devem preocupar-se com as atitudes e os exemplos e participar da vida social e escolar dos filhos. Uma família equilibrada tende a gerar filhos equilibrados. Se o problema for na escola, pais abertos a que os filhos expressem o que sentem e pensam saberão identificar rapidamente o problema. Conversarão com a direção e os professores, alertando-os para o *bullying* e discutindo como combatê-lo. Assim, há alguns caminhos imediatos, como ouvir a criança primeiro, procurar a escola para exigir dela uma atitude de proteção aos alunos e ainda se dispor a estar presente sempre que necessário. Perceber de onde vem a agressão e como fazer para aliviá-la. Ter a maturidade de não brigar com o aluno que agrediu o filho. Não é de uma atitude destemperada que o filho precisa, mas de uma atitude protetora, correta.

Os pais não devem incentivar os filhos a revidarem piadas e maus-tratos. Essa prática gera mais violência e acaba produzindo conseqüências perigosas que podem acabar em tragédia. Entretanto é importante munir os filhos de conselhos que favoreçam o enfrentamento pacífico. Não demonstrar fraqueza é uma forma de a criança reduzir as chances de um agressor vir a escolhê-la como alvo. Algumas táticas de confronto podem até fazer o agressor desistir da vítima escolhida:

- **Postura:** Manter a postura ereta e olhar o agressor nos olhos, não com um ar de provocação, mas de segurança. As vítimas costumam abaixar a cabeça diante dos agressores.
- **Firmeza:** Ser educado, mas firme. Dizer "pare" ou "Que atitude infantil!". Ter atitude mais firme de desprezo a piadas de mau gosto. As vítimas costumam ouvir as humilhações em silêncio ou demonstrar que estão magoadas.
- **Coragem:** Não chorar ou mostrar que ficou aborrecido, mas afastar-se e, se não for possível, esconder o medo. Os agressores só agridem quem tem postura de vítima, do contrário, a "brincadeira" perde a graça.
- **Parcerias:** Informar um ou mais adultos, de sua confiança, sobre o ocorrido. Normalmente as vítimas têm medo de represália e os autores de *bullying* se valem desse sentimento para se manterem incógnitos.

Os pais devem ajudar os filhos, acompanhando o caso com os gestores da escola, indagando sobre as providências que foram adotadas para a garantia da segurança do seu filho.

Os pais não devem ter receio de procurar a escola e de reclamar, sugerir, exigir um comportamento adequado. Se a escola não resolver o problema, devem buscar os órgãos competentes. Secretarias de Educação, Ministério Público, imprensa, dentre outros. A única coisa que não devem fazer é se omitir. É preciso sempre ter em mente que os filhos são muito preciosos e que devem ser tratados com muito zelo. Sem exageros nem proteção que engessam, mas com amor.

Ser vítima e ser agressor não é uma posição definitiva, muito menos um rótulo para toda a vida. Se a questão for bem encaminhada, vítimas e agressores assumem uma nova postura de vida, adquirem um novo aprendizado.

Os agressores são igualmente vítimas da violência social e, de alguma forma, também necessitam ser acolhidos e ajudados. Os pais de alunos autores precisam ficar atentos a algumas orientações e recomendações:

- **Posicionamento:** Não ignorar a situação, nem procurar fazer de conta que está tudo bem. Lembre-se de que o agressor precisa ser ajudado, tanto quanto a vítima.
- **Interesse:** Procurar saber como ajudar seu filho: falar com os professores, com a direção da escola, com psicólogos ou com profissionais da área, conhecer os outros alunos.
- **Presença:** Manter contato com a escola e acompanhar a evolução. Garantir presença, diálogo e amor em todo o processo de resgate e de transformação.
- **Diálogo e tolerância:** Conservar a calma e controlar a própria agressividade no diálogo com o filho. Não agredir, nem intimidar, nem ameaçar, nem julgar. Não fazer uso de estratégias similares às que estão sendo combatidas. Não se pode condenar a violência com atitudes violentas. A incoerência torna a ação ineficaz e reforça a atitude do agressor.

- **Apoio e cumplicidade:** Manifestar as insatisfações sem agredir. Mostrar que sabe o que está acontecendo e demonstrar amor, mesmo não aprovando o comportamento. Ouvir atentamente é uma estratégia bem eficiente.
- **Convivência:** Estabelecer um canal de comunicação que permita conhecer os sentimentos que sustentam a ação violenta. Participar mais, acompanhar mais, ficar mais junto.
- **Investigação:** Identificar o que pode estar desencadeando o comportamento do filho, que pode ser um problema atual ou antigo.
- **Autoridade:** Dar orientações e limites firmes para ajudar seu filho a controlar o comportamento agressivo. Cobrar relatos sobre os resultados dos acordos estabelecidos entre vocês.
- **Estratégia:** Canalizar as atitudes agressivas para outras atividades, tirando seu filho do foco da violência. Agressividade é diferente de agressão.
- **Humildade:** Encorajar seu filho a pedir desculpas ao colega agredido, como forma de reconhecer e reparar o erro. Recuar, reformular e reconhecer são atitudes de força e coragem e permitem a reconstrução da história. Muitas vezes, o agressor cria em torno de si um mundo e não sabe como sair dele.
- **Reflexão e compaixão:** Exercitar com seu filho situações de se colocar no lugar da vítima, sentir a dor e a angústia vivida pelo outro. Falar sobre situações pessoais que causaram sofrimento.
- **Estímulo:** Realçar e destacar os pontos positivos do comportamento de seu filho e elogiá-lo sempre por isso.

- **Aspiração:** Fazer planos juntos, descobrir os desejos e os sonhos, descortinar novos panoramas, novas realidades, novas possibilidades. Desejar e construir um espaço melhor, mais humano e mais feliz.

Nas escolhas do menino que vira homem, os pais não estão mais lá para intervir dizendo o que é certo e o que é errado. Restam as lembranças registradas no coração e na alma.

Somos, para nossos filhos, a expressão do que vivemos e sentimos, e não do que apregoamos como verdade. Da criação fica a essência. Amar para sempre, respeitar para sempre, cuidar para sempre, acolher para sempre, orientar para sempre, caminhar lado a lado até quando o sempre permitir – talvez esse sempre permita mais do que possamos imaginar (vão-se os pais, ficam os exemplos). Pais têm uma tarefa que é para sempre.

A melhor possibilidade de que uma relação entre pais e filhos perdure para sempre é quando se cultiva a reflexão, a compreensão das leis e dos valores que regem as atitudes e justificam as ações e as escolhas. Porque as crianças crescem e o menino, antes filho, torna-se, agora, pai do homem. Como homem, faz-se dono da sua vida e das suas próprias regras. Aquelas que foram fruto de uma obediência cega se transformaram em temor, não em valor, e ficam esquecidas. Sobram as significativas, as compreendidas, as que tenham sido verdadeiramente vivenciadas.

Capítulo 9

O papel da escola

Que saudade da professorinha
Que me ensinou o beabá
Onde andará Mariazinha
Meu primeiro amor onde andará?

Ataulfo Alves, *Meus tempos de criança*

A palavra *escola* pode se referir a uma *instituição de ensino* ou a uma *corrente de pensamento* com características padronizadas que formam certas áreas do conhecimento. De origem grega *scholé*, significa *lugar do ócio*. Aristóteles escreveu:

> *O primeiro princípio de toda ação é o ócio. Ação e ócio são necessários, mas o ócio é melhor do que a ocupação e é o fim em razão do qual esta existe.*[57]

Na Grécia antiga, as pessoas que dispunham de condições socioeconômicas e tempo livre – homens ricos e livres – se reuniam na escola para pensar e refletir. Foi a época do surgimento da filosofia.

A educação grega, a *paidéia*, era interdimensional. E se dava em diversos espaços da vida social. Desenvolvia as dimensões da *razão*, do *desejo*, do *sentimento* e da relação com o transcendente. Era a busca da perfeição, tendo a justiça como fundamento. Daí vem o conceito já citado do artigo 205 da

57. Aristóteles. *Política*. Livro VIII, parte III. São Paulo: Escala, 2006.

Constituição Federal quando coloca *o pleno desenvolvimento da pessoa* antes do *preparo para a cidadania* e da *qualificação para o mercado de trabalho.* A pessoa plena entende e vive a cidadania e é capaz de agir com a competência necessária para se manter no mercado de trabalho.

A idéia de escola pública, laica e universal, gratuita e obrigatória surgiu a partir do Iluminismo, quando a burguesia chegou ao poder. Era uma época em que a educação valorizava sobretudo a razão – o Iluminismo era um movimento da razão, e por isso foi o século XVIII chamado *Século das luzes.* Mandar o aluno para a escola significava *iluminar o seu cérebro.* Isso fez muitos educadores da época terem uma visão deturpada do próprio conceito de iluminar o cérebro. A pessoa era reduzida a uma parte do cérebro. Os alunos que não demonstravam essa capacidade eram alijados do processo educativo. Ou se aprendia ou não se servia para a escola. Não se discutiam as razões da não-aprendizagem, os bloqueios, os medos. Hoje, em tese, isso já foi superado. O aluno é – ou deveria ser – considerado de outra maneira. Não se trata mais de identificar os iluminados e os que não têm luz. A luz existe em todos. O tempo de sua descoberta é que pode ser diferente.

A palavra *aluno* nomeia qualquer pessoa que aprende por intermédio de outra pessoa, mas o termo é geralmente aplicado para estudantes. O vocábulo vem do latim *alumnus*, do verbo *alere*, que significa *nutrir*, *crescer*, *fazer desenvolver.*

Para Aristóteles, os discípulos eram *alunos*, porque essa palavra é a junção de "*a*" com "*luno*", que significa *sem luz.* Ele considerava que seus ensinamentos eram, para os seus discípulos, a luz do conhecimento. Acreditava que era preciso educar para a felicidade, que a felicidade nascia da justiça e que a justiça era dependente da amizade. Só quem é amigo de verdade pode ser justo. E essas eram as coisas que deveriam ser ensinadas e aprendidas. Falava ele em aprendizagem essencial e acidental. Há coisas que fazem parte do processo educativo, mas que não constituem a sua essência. Há outras que não podem, em nenhuma hipótese, ser esquecidas ou negligenciadas. Eis o papel do pedagogo. Ensinar o essencial.

A origem do nome *pedagogia* vem da Grécia. A palavra grega *paidagogos* é formada por *paidós* (criança) e *agogos* (condutor). Portanto, *pedagogo* significa *condutor de crianças*, aquele que ajuda a conduzir o ensino. Esse era o trabalho daquele que, na época, conduzia o jovem até os centros ou assembléias – onde ocorriam as discussões que envolviam pensamentos críticos, criativos, resgates de cultura, valorização da experiência dos anciãos etc. –, encarregado também de dar-lhe a formação intelectual e cultural. Assim sendo, a *pedagogia* está ligada ao ato de *condução do saber*. E até hoje é a ciência que busca encontrar maneiras de conduzir o indivíduo ao conhecimento.

Entretanto, há que se questionar: como a escola atual tem conduzido o saber? A importância dos sentimentos e da espiritualidade? Enfim, a formação da integralidade humana e não apenas o ato de informar conceitos e opiniões?

A supervalorização da cognição tornou as relações impessoais, estereotipadas e padronizadas sem espaço para incluir aquilo que não consta do conteúdo programático ou aquele que esteja fora do padrão determinado pelo grupo. As disciplinas compartimentalizadas fragmentam o saber, que perde o sabor, o sentido e o significado. A organização do espaço físico enfileira as crianças e desfavorece o diálogo e a troca de idéias e ideais. É preciso repensar a arquitetura das salas de aula. Talvez trabalhar em estações diferentes com crianças diferentes, realizando atividades diferentes – e como a diferença é importante! Que seja percebida e respeitada!

Como exemplo, uma sala de aula poderia organizar-se da seguinte forma: algumas mesas com cadeiras para que os alunos possam trabalhar em grupo, sempre; um televisor com DVD em outro canto da sala, com algumas almofadas; uma pequena biblioteca; dois ou três computadores ligados à internet. E um professor dinâmico que saiba dar atividades diferentes para alunos diferentes.

A sala de aula tradicional, com um professor falante e alunos ouvintes, está fadada ao fracasso. Dificilmente o professor conseguirá manter a atenção do aluno. É a mudança didática que vai proporcionar de fato a heterogeneidade e a interdisciplinaridade.

Além da forma, é preciso um professor que se comunique adequadamente com os alunos. A comunicação é o elemento humanizador que aproxima as pessoas, cria identificação e cumplicidade, clarifica as semelhanças e esclarece as diferenças. Por meio do diálogo as pessoas aprendem sobre as outras. Aprendem a compreender e a ser compreendidas, a confiar e a se tornarem confiáveis. A escola precisa de professores e alunos confiáveis.

Aprendemos na escola as fórmulas para resolver os problemas matemáticos, porém não desenvolvemos habilidades pessoais e grupais para solucionar os dilemas existenciais. E nesse espaço formatado, por vezes rígido e inflexível, como evitar a violência? Como enfrentar as agressões e as humilhações? Em quem confiar? A quem pedir ajuda? Como aprender a fazer amigos?

Assim como os adultos, as crianças e os jovens também reagem de acordo com os estímulos, com as oportunidades e a atenção recebida. Quando recebem tratamento digno, reagem com dignidade. Quando ocorre o contrário, é provável que, por despeito, tenham vontade de desobedecer, de burlar as ordens, de transgredir as regras, de agredir, de sumir ou de fazer sumir alguém que os desumaniza, que os desvaloriza e que os faz sentir-se uma pessoa inadequada.

Parte do que somos é resultado do que o outro nos desperta. É decorrência do estímulo recebido. Há pessoas que têm o dom de despertar em nós coisas tão boas, sentimentos tão nobres que chegam a nos emocionar. São pessoas que se fazem especiais porque nos fazem sentir mais inteligentes, mais felizes, mais bonitos, mais importantes, mais valiosos, mais estimulados a enxergar as nossas qualidades, virtudes e talentos, e também nos encorajam a superar as limitações, a enfrentar os medos, a lidar com as inseguranças, sempre com a certeza de que não estamos sozinhos e podemos contar com alguém. Alguém hábil em nos fazer sonhar, ter aspirações, planos e projetos de vida. Desse entusiasmo pela vida brota a generosidade, e com ela uma vontade irresistível de retribuir o presente recebido. Assim – acontece com todas as pessoas –, sentimo-nos eternamente gratos por aqueles que nos fazem felizes, que revelam o que há de melhor em nós.

O interessante é que esse tipo de comportamento que ajuda a sonhar está presente na lei. A própria lei consegue descrever a subjetividade das relações interpessoais, para valorizar o intangível.

As Diretrizes Curriculares Nacionais[58] indicam, como primeiros objetivos do ensino fundamental, alguns princípios norteadores para a ação pedagógica:

- **Os princípios éticos:** necessários para o desenvolvimento de atitudes autônomas, responsáveis, solidárias e de respeito pelo outro e pelo bem comum.
- **Os princípios estéticos:** fundamentais para o desenvolvimento da sensibilidade, da criatividade, do respeito à diversidade. Princípio que amplia o universo cultural e artístico, que revela talentos e que agrega o diferente.
- **Os princípios políticos:** essenciais para a percepção dos direitos e dos deveres, imprescindíveis para o exercício da cidadania, para o desenvolvimento do olhar crítico, para o respeito à ordem democrática e, principalmente, para o despertar do sentimento de pertencimento por meio da participação ativa e responsável

58. As Diretrizes Curriculares Nacionais foram definidas pela Câmara de Educação Básica do Conselho Nacional de Educação com base no artigo 9º, inc. IV, da Lei n. 9.394, de dezembro de 1996, Lei de Diretrizes e Bases da Educação Nacional (LDB), que prevê como uma das incumbências da União "estabelecer, em colaboração com os Estados, o Distrito Federal e os Municípios, competências e diretrizes para a educação infantil, o ensino fundamental e o ensino médio, que nortearão os currículos e os seus conteúdos mínimos, de modo a assegurar a formação básica comum". A resolução da CEB de n. 3/98, que institui as Diretrizes Curriculares Nacionais para o ensino médio, no seu artigo 3º, determina que a organização curricular de cada escola deve ser coerente com princípios estéticos, políticos e éticos para a "observância dos valores" apresentados na LDB.

daquele que passa a ser e a sentir-se parte da construção do seu ambiente.

É preciso que se questione o que acontece com a educação quando os princípios são abandonados e o que acontece com a nossa vida quando abandonamos os princípios. Normalmente, lamentamos os resultados. Corremos atrás das metas, preocupados com o ponto de chegada – tirar boa nota na prova, passar no vestibular, progredir na vida, ter uma carreira promissora... –, e abandonamos o ponto de partida, que são os princípios. Sem os princípios, o "fazer" acaba perdendo o sentido. Corremos atrás de algo que se convencionou chamar sucesso sem entender o que significa felicidade, irmã da dignidade, filhas do amor.

Na religião romana havia um deus chamado Janus, representado por uma cabeça com dois rostos opostos. Assim, um dos rostos estava sempre olhando para a frente e o outro para trás. Essa divindade era a protetora dos começos – das primeiras horas do dia e do primeiro mês do ano (*Januarius*) – e guardava o passado para garantir o futuro.

Na educação, o ensinamento se repete. É preciso cuidar dos princípios, das pessoas e dos sentimentos das pessoas. Quando deparamos com questões relativas ao *bullying*, é importante questionar: Qual princípio foi violentado? O que ficou esquecido no caminho? O que foi deixado para trás?

O desejo impulsiona a ação e provoca a reflexão. Algumas perguntas precisam ser feitas e repetidas pelos educadores. Que tipo de homem desejamos formar? Que tipo de sociedade almejamos construir com a realização do nosso trabalho? O que ensinamos, para que e para quem estamos educando?

Que experiências estamos vivendo? Que sentimentos estamos compartilhando?

Desde a Grécia antiga até os nossos tempos, inquietações como essas estão sempre presentes. A educação tem estado no centro das preocupações da sociedade porque, afinal, reflete e, ao mesmo tempo, influencia crenças, valores, desejos e anseios manifestados pelas pessoas nas mais diferentes épocas e nos mais variados espaços. Cada escola, em seu tempo e contexto, reproduz a sociedade que a criou, é fruto da sociedade que ela própria ajudou a construir, e esse ciclo se reproduz viciosamente, alimentando, muitas vezes, a violência e a exclusão – ou virtuosamente alimentando a felicidade e a conseqüente boa convivência.

Quando o círculo é perverso, é preciso rompê-lo. É de paz que os estudantes precisam para aprender e os professores para ensinar. É de paz que a família precisa para que cumpra sua finalidade de proteger e preparar. A paz não é apenas ausência de guerras ou brigas. É atitude ante a vocação da vida humana que requer autonomia, liberdade, amor. Com esses conceitos fica mais fácil entender o que é o ser. E, conseqüentemente, as lições do conviver. Quando as inquietações individuais são compreendidas e harmonizadas, a relação com o grupo fica muito mais fácil.

Os pais cobram da escola. A escola responsabiliza os pais. A sociedade exige que a escola professe valores de solidariedade e respeito ao próximo que ela mesma ignora. É ingênuo acreditar que um único segmento seja capaz de, isoladamente, erradicar a violência. Se a causa é a ausência de amizade, respeito e solidariedade entre as pessoas, então o primeiro passo é resgatar essa parceria.

Dependendo das relações estabelecidas pelos diferentes segmentos sociais e, dependendo, também, do modo como cada elemento compreende sua importância para o conjunto, o todo pode ser maior que a soma das partes. Ou pode ser menor, na medida em que as partes se cancelam e se destroem mutuamente pela ausência de organização, de clareza, de transparência, de comunicação, de sentido de comunidade, ou, como sugere o nome, de comum unidade e de bem comum. Se queremos uma escola de qualidade para todos, temos de convocar todos pela qualidade da educação.

O artigo primeiro da Lei de Diretrizes e Bases da Educação (LDB), sonhada por Darcy Ribeiro, estabelece que a educação abrange todos os processos formativos que se dão na família, no mundo do trabalho, nas instituições de ensino e de pesquisa, nos movimentos sociais, nos meios de comunicação e nas atividades culturais. Portanto, esse encontro e essa inclusão de idéias, propostas e segmentos sociais constituem a educação.[59]

A qualidade da educação também inclui proteção, cuidado e responsabilidade com as crianças e os jovens expostos à violência. Essa ação não pode estar desvinculada do projeto pedagógico da escola. A prevenção precisa ser pensada pedagogicamente.

Cabe à escola avaliar suas necessidades e possibilidades para a construção de um projeto que alcance todos os alunos: vítimas, agressores e espectadores da violência. Seja por meio

---

59. A LDB define e regulariza o sistema de educação brasileiro com base nos princípios presentes na Constituição. Foi citada pela primeira vez na Constituição de 1934.
A LDB foi criada em 1961, seguida por uma versão em 1971, que vigorou até a promulgação da mais recente, em 1996. Darcy Ribeiro (1922-1997) foi antropólogo, escritor e político brasileiro.

de aulas específicas, seja por meio de temas transversais nas diferentes disciplinas, em ações multidisciplinares ou campanhas e propostas que alcancem e incluam toda a comunidade educativa: pais, professores, funcionários, vizinhos e voluntários da escola. Devem-se estabelecer vínculos com a comunidade para o uso de seus recursos. Trata-se de um verdadeiro mutirão.

Mais do que palestras ou debates isolados, é preciso construir coletivamente uma ação que fortaleça o conceito de respeito e de amizade entre os integrantes do processo educativo. A arte é um bom caminho. Filmes, peças de teatro, textos literários, contação de histórias podem ajudar a semear bons valores. O segredo está, assim, no processo, na continuidade e principalmente na parceria e no envolvimento dos diferentes grupos. A comunidade educativa precisa ser tocada, seduzida por um projeto que deve focar o fortalecimento das relações e não o fim da violência. A violência não tem espaço próprio, ela só ocupa os ambientes que a amizade não ocupou. Logo, o cultivo das relações faz que ela deixe de existir.

A escola é um espaço rico de possibilidades, de descobertas diárias da arte de ensinar e de aprender, de conviver, de viver em harmonia. As relações professor/aluno e aluno/aluno são um verdadeiro laboratório para a vida, pois estão repletas de dilemas, de conflitos de escolhas que permitem exercitar, resgatar, revisitar e rever os princípios, os objetivos, os valores que nos mantêm unidos. A ação começa por poucos e vai contagiando muitos, até que atinja todos.

Quando as coisas não estão bem, os alunos logo sinalizam com a famosa indisciplina, acompanhada por desinteresse, enfrentamento, rebeldia, descaso pelos conteúdos transmitidos em aula e desprezo pelas pessoas. As relações vão ficando sutilmente violentas: uma resposta atravessada, um olhar de deboche, uma fala desinteressada, uma ameaça velada, uma risadinha sarcástica, até que a situação foge do controle dos professores.

Quando o professor considera apenas o lado ruim dessa situação, corre o risco de se deixar envolver pelas atitudes negativas, ignorando as possibilidades de transformação. É importante apreciar a perspectiva de oportunidade e contar com a certeza de que:

- **ninguém** gosta de viver a violência, nem como professor, nem como aluno, nem como vítima, nem como agressor, tampouco como testemunha de atos desumanos. Cada qual escolhe agir de acordo com as habilidades que desenvolveu e modelos que conheceu;
- **todos** querem ser felizes, protegidos e acolhidos, ter sua importância e talento reconhecidos e valorizados. Uns conquistam pela força, outros pelo carinho, outros desistem. Essa necessidade é tão imprescindível que sua ausência pode levar uma pessoa ao suicídio;
- **alguns** acabam ficando cruéis, alguns se protegem e outros se defendem da crueldade. Mas há, ainda, os que não sabem nem se proteger, nem se defender: eles se escondem, se isolam e são esquecidos pelos demais;
- **poucos** se sensibilizam a ponto de buscar envolver poucos para formar muitos. São poucos porque talvez muitos não acreditem que sejam capazes de transformar algo. Os poucos que realmente acreditam e se mobilizam serão muitos até que sejam todos.

Tradicionalmente, a escola é vista como local de aprendizagem que avalia o desempenho dos alunos com base nas notas dos testes de conhecimento e no cumprimento das tarefas acadêmicas. No entanto, vamos aqui considerar três documentos legais: a Constituição da República Federativa do Brasil, o Estatuto da Criança e do Adolescente e a Convenção sobre os Direitos da Criança da Organização das Nações Unidas. Neles estão previstos os direitos ao respeito e à dignidade, sendo a educação entendida como um meio de prover o pleno desenvolvimento da pessoa e seu preparo para o exercício da cidadania.[60]

---

60. A Constituição da República Federativa do Brasil foi promulgada em 5 de outubro de 1988 (atualizada até a Emenda Constitucional n. 53, de 19/12/2006). Em seu preâmbulo, declara: "Nós, representantes do povo brasileiro, reunidos em Assembléia Nacional Constituinte para instituir um Estado Democrático, destinado a assegurar o exercício dos direitos sociais e individuais, a liberdade, a segurança, o bem-estar, o desenvolvimento, a igualdade e a justiça como valores supremos de uma sociedade fraterna, pluralista e sem preconceitos, fundada na harmonia social e comprometida, na ordem interna e internacional, com a solução pacífica das controvérsias, promulgamos, sob a proteção de Deus, a seguinte CONSTITUIÇÃO DA REPÚBLICA FEDERATIVA DO BRASIL".

O Estatuto da Criança e do Adolescente (ECA) foi instituído pela Lei n. 8.069, de 13 de julho de 1990, e representa um avanço no direito das crianças e dos adolescentes ao explicitar os princípios da proteção integral e da prioridade absoluta a eles – já previstos na Constituição Federal de 1988, que elevou a criança e o adolescente à preocupação central da sociedade – e orientar a criação de políticas públicas em todas as esferas de governo (União, estados, Distrito Federal e municípios), mediante a criação de conselhos paritários (isto é, com igual número de representantes do Estado e da sociedade civil organizada). Considera-se criança, para os efeitos dessa lei, a pessoa até 12 anos de idade incompletos, e adolescente aquela entre 12 e 18 anos de idade. *Nos casos expressos em lei, aplica-se excepcionalmente esse estatuto às pessoas entre 18 e 21 de idade.* O Estatuto da Criança e do Adolescente resgata

Cidadania inclui participação democrática e sentido de pertencimento. Logo, aquele que é excluído está privado desse direito.

Outra questão a ser considerada é o desejo de todos (pais e professores) de que a dinâmica escolar favoreça a edificação de um ambiente seguro e saudável, não admitindo que crianças e jovens sofram violências que lhes tragam danos físicos e/ou psicológicos, impedindo-os de desenvolver seu potencial intelectual e social. Também não é admissível que, mesmo quando não sofrem ameaças, sejam obrigados a testemunhar tais fatos e a se calar para não serem os próximos a sofrer agressões ou, o que seria ainda mais desastroso, comecem a adotar comportamento igualmente agressivo.

Faz-se mister falar um pouco mais sobre a autonomia como uma importante meta da educação. Ela não acontece sem que o aluno tenha efetivamente a oportunidade de participar

---

juridicamente a cidadania e a atenção universalizada a todas as crianças e adolescentes e respeita as normativas internacionais: Declaração dos Direitos da Criança (Resolução n. 1.386 da ONU – 20 de novembro de 1959); Regras Mínimas das Nações Unidas para Administração da Justiça da Infância e da Juventude – Regras de Beijing (Resolução 40/33 da ONU – 29 de novembro de 1985); Diretrizes das Nações Unidas para Prevenção da Delinqüência Juvenil – Diretrizes de Riad (ONU – 1º de março de 1988). O ECA introduziu em 1990 mudanças significativas em relação à legislação anterior, o chamado Código de Menores, instituído em 1979. Crianças e adolescentes passaram a ser considerados cidadãos, com direitos pessoais e sociais garantidos, desafiando os governos municipais a implementarem políticas públicas especialmente dirigidas a esse segmento.

A Convenção sobre os Direitos da Criança foi adotada pela Resolução n. 44 (XLIV) da Assembléia Geral das Nações Unidas, em 20 de novembro de 1989, e ratificada pelo Brasil em 20 de setembro e 1990.

da escola. A autonomia é uma conquista, denominada por Jean Piaget como "um poder que não se adquire senão de dentro e que não se exerce senão no seio da cooperação".[61] Ter autonomia não é fazer o que se quer e como se quer. É usar a liberdade com responsabilidade. É da autonomia que surge a capacidade que qualquer pessoa tem de definir as leis para si mesma; contudo, essa deliberação não toma como ponto de partida sua própria subjetividade, seus gostos e caprichos, simplesmente, porém adota como referência o que se poderia desejar para qualquer pessoa.

Na dinâmica escolar, todos devem ter o direito de falar, de opinar e de participar dos processos decisórios. É participando que se aprende a participar. Uma escola que mantém o monopólio da verdade, que não aceita a intervenção dos agentes que a integram, desconsiderando as diferentes visões de mundo e culturas, e que não se abre para as negociações permanentes é um verdadeiro desastre educativo, pois não permite que os alunos desenvolvam habilidades de negociação para encaminhar os conflitos pessoais e sociais.

A escola é um lugar que reúne muita gente. Diferentes olhares, gostos, caprichos, talentos, sentimentos, sonhos, necessidades, histórias de vida, contextos. E esse lugar tão especial também guarda uma missão igualmente especial: fazer toda essa gente feliz, com princípios de justiça e eqüidade social. Essa missão pode parecer óbvia, mas não é nada simples, pois cada pessoa tem sua maneira peculiar de ser feliz. Todavia, desejam ser felizes, mas ninguém alcança a felicidade sozinho.

---

61. Apud Cortina, Adela. *O fazer ético: guia para a educação moral.* São Paulo: Moderna, 2003.

Um depende do outro e o outro de cada um. Essa é a trama que faz do espaço escolar algo genial e que pode torná-lo fascinante para os estudantes, se se organizar esse ambiente com:

- a participação dos alunos em atividades artísticas e culturais a fim de revelar talentos, acolher e valorizar a diversidade;
- a participação dos alunos em atividades esportivas com cunho cooperativo, para o exercício da solidariedade, da aceitação do outro e da percepção de que, para haver um ganhador, não é preciso um perdedor; para haver um líder, não é necessário que haja uma vítima;
- a participação familiar, para o envolvimento dos pais na dinâmica escolar de maneira lúdica e prazerosa. Essa ação favorece a descoberta de que todos caminham à procura da felicidade e buscam objetivos comuns;
- a promoção do encontro de gerações para que haja a troca de experiências, além da valorização e do respeito pelas diferentes etapas da vida;
- a participação protagonista dos alunos em projetos sociais e de melhorias na escola e no entorno.

O importante é saber que sempre há um caminho. Nada é definitivo ou permanente, desde que a transformação seja um compromisso assumido por todos. Esse é o grande diferencial da profissão do docente. Seu compromisso não se resume ao conteúdo, como quem presta serviço a um grupo, oferecendo conhecimentos. Na ação pedagógica, o professor estabelece profundas relações de confiança e respeito com seres humanos e se torna responsável pelo destino de seus alunos. Daí a importância de se tomar consciência do conflito que vem se tornando uma epidemia nas escolas e desenvolver um olhar atento, reflexivo e observador, sinalizando caminhos para transformar essa situação.

O inesquecível educador Paulo Freire dizia que "o amanhecer da escola depende de sonhar sonhos possíveis; organizar coletivamente o trabalho em seu interior constitui a primeira condição para fazer possível o sonho necessário".[62]

O primeiro passo é organizar o trabalho coletivo, envolvendo tanto os professores quanto os demais profissionais ligados à escola, e estabelecer uma estratégia de ação focada em três objetivos:

- **Neutralizar** os agressores.
- **Auxiliar** e proteger as vítimas.
- **Transformar** os espectadores em aliados.

Esse primeiro passo exige uma postura de dispor-se estrategicamente a proteger e instigar a vida, fazendo frente ao sofrimento. Com esse espírito, é preciso considerar:

- que todos os profissionais da escola precisam estar absolutamente envolvidos com a missão de combater a violência e, portanto, não deve ser uma ação desconectada das atribuições específicas e das tarefas afins;
- que os educadores não são membros das "forças armadas" nem do "esquadrão de choque", e que o objetivo da missão é eliminar a violência, não as pessoas envol-

62. Freire, Paulo. *Pedagogia dos sonhos possíveis*. São Paulo: Unesp, 2001.

vidas. Num ambiente contaminado, todos devem ser considerados vítimas da situação;

- que o estabelecimento de vínculos pela afetividade e pela amizade é um bom começo e deve ser visto como um princípio inegociável;
- que a prática do diálogo, o compromisso com a verdade e a clareza das intenções fazem parte das regras;
- que a ação conjunta é de cunho educativo e não repressivo ou punitivo. Contudo, cada escola deve estabelecer os critérios de sanção para os atos agressivos. O campo do Direito, *lato sensu*, prevê direitos e deveres, obrigações, regras e sanções. O Direito como decorrência da Ética. Abrir mão dessa prerrogativa significa deixar de ressarcir aquele que teve o seu direito violado (a vítima). Muitas vezes, os agressores roubam de suas vítimas até mesmo o direito de ir e vir, de ocupar espaços, de participar de atividades. A ética resulta da prática do bem, da justiça, por respeito ao dever, inspirada no princípio de fazer ao outro o que gostamos ou esperamos que nos façam, a ponto de suscitar a simpatia e gerar entusiasmo no outro.

Encontros e reuniões periódicas entre os profissionais da escola podem servir para organizar as ações, ampliar os conhecimentos sobre o assunto, compartilhar informações e propostas, reavaliar as estratégias, acompanhar os avanços e fortalecer os vínculos dos envolvidos. As propostas cooperativas e coletivas costumam ser eficientes e produzir resultados positivos.

Quando professores, funcionários e pais se unem, geram modelos de cooperação e solidariedade para crianças e jovens.

Essa simples iniciativa já produz resultados agradáveis e transformadores. E a escola precisa ser agradável, porque essa sensação diminui a possibilidade de ações agressivas.

O passo seguinte é saber agir responsavelmente, sem fazer uso da violência.

Algumas recomendações dos próprios jovens:

- Diga para o agressor se colocar no lugar da vítima. Ele certamente não gostaria de passar pela situação que seu colega vive agora.
- As brincadeiras de mau gosto só funcionam quando o agressor encontra uma platéia. Gente que se diverte à custa da humilhação do outro deve ser ignorada.
- Ficar perguntando sobre o problema só deixa a vítima mais constrangida. Procure ajudá-la, em vez de ficar lembrando por que ela está sendo "zoada".
- Nunca use de violência para resolver nenhuma situação de brincadeira de mau gosto.
- Conversar ajuda a reduzir a tensão, mas em casos mais graves é melhor informar a direção da escola.

Eis alguns conselhos para os profissionais da escola, com base em pesquisas e programas de intervenção já desenvolvidos:

- **Regras claras:** Desde o primeiro dia de aula, avisem aos alunos que não será tolerado *bullying* nas dependências da escola. Todos devem se comprometer a não praticá-lo e a comunicar a direção sempre que presenciarem ou forem vítimas de um fato dessa natureza.

- **Esclarecimento:** Promovam debates sobre *bullying* nas classes, fazendo o assunto ser intensamente divulgado e assimilado pelos alunos.
- **Mobilização:** Estimulem os estudantes a pesquisar sobre o tema na escola, para saber o que alunos, professores e funcionários pensam sobre o *bullying* e como acham que se deve lidar com esse assunto.
- **Divulgação:** Convoquem assembléias, promovam reuniões ou fixem cartazes, para que os resultados da pesquisa possam ser apresentados a todos os alunos.
- **Autonomia:** Permitam que os alunos criem regras de disciplina para a própria classe. Essas regras, depois, devem ser comparadas com as regras gerais da escola, para que não haja incoerências. Quando as próprias crianças criam as regras, estas ganham um significado maior e têm um grande impacto nas ações.
- **Participação:** Da mesma maneira, permitam que os alunos busquem soluções capazes de modificar o comportamento e o ambiente.
- **Objetividade:** Sempre que ocorrer alguma situação de *bullying*, procurem lidar com ela diretamente, investigando os fatos, conversando com autores e alvos.
- **Estratégia:** Quando ocorrerem situações relacionadas a uma causa específica, tentem trabalhar objetivamente essa questão, talvez por meio de algum projeto que aborde o tema. Evitem, no entanto, focalizar alguma criança em particular.
- **Parceria:** Nos casos de ocorrência de *bullying*, conversem com os alunos envolvidos e digam-lhes que seus

pais serão chamados para que tomem ciência do ocorrido e participem com a escola da busca de soluções.

- **Presença:** Interfiram diretamente nos grupos sempre que isso for necessário para romper a dinâmica de *bullying*. Façam os alunos se sentarem em lugares previamente indicados, mantendo afastados os possíveis autores de *bullying* de seus alvos.
- **Diálogo:** Conversem com a turma sobre o assunto, discutindo a necessidade de que sejam respeitadas as diferenças de cada um. Reflitam com eles sobre como deveria ser uma escola onde todos se sentissem felizes, seguros e respeitados.
- **Ferramentas:** Incluam, na rotina escolar, estratégias que amenizem as causas do *bullying.* A dramatização é uma ferramenta excepcional para fazer crianças e jovens vivenciarem papéis. É essencial discutir sempre as experiências depois de dramatizadas. O trabalho com filmes e letras de músicas também permite uma reflexão crítica e prazerosa. As atividades prazerosas e significativas diminuem a probabilidade da manifestação de comportamentos agressivos.

Todas essas estratégias propõem uma ampliação do universo cultural do aluno, permitindo que conheça outras realidades, outros mundos, outras culturas, outras etnias, outras maneiras de lidar com os sentimentos e de enfrentar os medos.

Todo cuidado e atenção são bem-vindos. Um deslize do professor pode ser "um prato cheio" para a ação dos *bullies.* Estudantes mais fracos ou mais lentos para cumprir as atividades não devem ser criticados ou expostos por isso em sala de aula. Os diferentes ritmos e tempos de aprendizagem devem ser respeitados acima de tudo. O desrespeito seria uma incoerência. Se um professor deixa claro que todos são tratados da mesma forma, os alunos vêem nisso um sinal para não excluir outros do grupo.

Todo e qualquer tipo de menosprezo deve ser evitado e combatido com rigor. Ser rigoroso não é ser violento. As formas de coibir as agressões devem ser tão variadas e criativas quanto as próprias agressões. O professor precisa combater com conhecimento e repertório, utilizando estratégias pedagógicas e culturais que permitam fazer de um conflito uma possibilidade para avançar nos conhecimentos sobre a compreensão da vida e do mundo.

No filme *Escritores da liberdade*, baseado em fatos reais, a professora protagonista traz para a sala de aula a questão do holocausto nazista, com a intenção de combater a guerra entre gangues na escola.[63] O que ela pretendia era que os alunos

---

63. O filme *Escritores da liberdade* (*Freedom Writers*, EUA, 2007), dirigido por Richard LaGravenese, é baseado em fatos reais e aborda o desafio da educação em um contexto social violento. A jovem professora Erin (interpretada por Hilary Swank) é contratada por uma instituição de ensino médio para lecionar Língua Inglesa e Literatura a uma turma de adolescentes considerados problemáticos, até mesmo envolvidos com gangues. A professora resolve adotar novos métodos de ensino, mesmo sem o aval da diretora. Para isso, ela entrega a seus alunos um caderno para que escrevam, diariamente, sobre aspectos da própria vida, desde conflitos internos até problemas familiares. Além disso, a professora indica a leitura de obras sobre episódios cruciais da humanidade, como *O diário de Anne Frank*, com o objetivo de que os alunos percebam a necessidade de tolerância mútua. Com o passar do tempo, os alunos vão se engajando em seus escritos nos diários e, trocando experiências de vida, passam a conviver de maneira mais tolerante. Tudo o que escreveram nesse período foi reunido em um livro, publicado nos Estados Unidos, em 1999.

desenvolvessem habilidades pessoais para lidar com o medo da violência e habilidades relacionais para aceitar outros grupos. Porém, quanto mais avança em seu trabalho, mais distante a professora se sente dos seus objetivos e dos alunos. Mas, com coragem, competência e amor – muito amor mesmo –, ela encontra um caminho e passa a trilhá-lo com seus alunos. Parafraseando Milton Nascimento, "o amor é (certamente) a estrada de fazer o sonho acontecer".

Por mais que, às vezes, possam parecer ineficazes, o elogio, o afeto e o diálogo amoroso são estratégias que têm retorno mais rápido, mais duradouro e menos estressante do que a bronca, os gritos, o castigo e a indiferença.

O jornalista dinamarquês Jacob Riis consignou a capacidade humana de não desistir mesmo diante dos resultados que parecem consagrados e imutáveis, ao dizer:

> *Quando nada parecer ajudar, eu vou e olho o cortador de pedras martelando sua rocha talvez cem vezes sem que uma só rachadura apareça. No entanto, na centésima primeira martelada, a pedra se abre em duas, e eu sei que não foi aquela que a conseguiu, mas todas as que vieram antes.*[64]

Então, que seja dado o primeiro passo! E que todos os que se sucederem sejam frutos da incansável vontade, necessidade, urgência e desejo de acolher as vítimas da violência.

64. Jacob Riis viveu entre 1849 e 1914. Imigrado para os Estados Unidos, trabalhou no jornal *Evening Sun*, em Nova York. Em 1890 publicou um livro chamado *How the other half lives* [Como vive a outra metade], falando das favelas norte-americanas. Ficou conhecido como o Emancipador de Favelas.

A infância e a adolescência têm um período determinado para começar e acabar. E esse tempo não espera. Ele passa e carrega consigo todas as experiências vividas, as boas e as ruins. As marcas felizes são mais leves e nos tornam mais leves também. Todavia as marcas tristes são tão pesadas, tão doloridas que, por vezes, até nos impedem de caminhar.

Tistu na escola

Quando Tistu atingiu os oito anos, Dona Mamãe considerou sua tarefa terminada. Era necessário confiar Tistu a um professor de verdade. Compraram pois para Tistu um belo avental xadrez, botinas novas que lhe machucavam os pés, uma pasta, um tinteiro preto com figuras japonesas, um caderno de uma linha e outro de duas, e mandaram-no, acompanhado pelo criado Cárolo, à escola de Mirapólvora, que gozava de excelente reputação.

Todo mundo esperava que um menino tão bem vestido, com pais tão belos e ricos, e que sabia dividir e esquartejar andorinhas, realizasse prodígios nas aulas. Mas que decepção! A escola produziu em Tistu um resultado imprevisível e lamentável.

Quando começava o lento desfile das letras que caminhavam a passo pelo quadro-negro, quando começava a se desenrolar a monótona corrente dos três-vezes-três, dos cinco-vezes-cinco, dos sete-vezes-sete, Tistu sentia uma coceira no olho esquerdo e logo caía no mais profundo sono. Não é que ele fosse burro ou preguiçoso, nem que estivesse cansado. Estava cheio da maior boa vontade.

"Eu não quero dormir, eu não quero dormir", repetia Tistu consigo mesmo.

Pregava os olhos no quadro e colava os ouvidos à voz do professor. Mas sentia que a coceirinha estava chegando... Tentava, por todos os meios, lutar contra o sono. Cantava bem baixinho uma bela canção que inventara:

Um quarto de andorinha...
Será a sua pata
Ou será uma asinha?
Se fosse uma empada,
Eu comia todinha!

Não adiantava. A voz do professor ia se transformando numa canção de ninar; a noite descia sobre o quadro-negro; Tistu ouvia o teto cochichar: "Por aqui, por aqui, belos sonhos!", e a aula se transformava em aula de sonhar.

– Tistu – gritava de repente o professor.

– Não foi de propósito, Professor – respondia Tistu, acordando num sobressalto.

– Isso não interessa. Repita o que acabo de dizer.

– Seis empadas... divididas por duas andorinhas...

– Zero!

No primeiro dia de aulas Tistu voltou para casa com o bolso repleto de zeros.

No segundo dia, ficou de castigo por mais duas horas, isto é, ficou mais duas horas a dormir na aula.

Na tarde do terceiro dia, o professor entregou a Tistu uma carta para seu pai.

Na dita carta o Sr. Papai teve a desdita de ler estas palavras:

> *"Prezado senhor, o seu filho não é como todo mundo. Não é possível conservá-lo na escola".*
> *A escola devolvia Tistu a seus pais.*[65]

Mesmo os excluídos ainda continuam sendo parte de nossa vida e, um dia, acabamos lamentando a história não pelo que se fez, mas pelo que poderia ter sido feito e não foi. As marcas deixadas também são escolhas. E nós sempre temos escolhas. Os traumas vão se acumulando em situações tristes de crianças que ficam tristes. Quantas não aprendem por não enxergar e ter vergonha de dizer isso? Quantas não escutam direito e, por isso, não aprendem? Quantas se fecham em seu mundo com medo de perceberem que nada sabem?

A teoria das inteligências múltiplas ajudou a desbancar os preconceituosos testes que mediam a inteligência e vaticinavam o futuro de uma criança. Infelizmente, entretanto, há muitos pais e professores que teimam em comparar os filhos.

João tinha 5 anos de idade. O pai gritava com ele, exigindo que se jogasse na piscina. João tinha medo de água e chorava compulsivamente. O pai então mandou o irmão, José, de 7 anos, se jogar na água. José fez isso sem dificuldade. Gostava de nadar e não tinha medo. A mãe tentava interferir, mas o pai a ameaçava dizendo não admitir ter um filho *gay*. João não sabia o que era *gay*. Só sabia que preferia morrer a passar por tanto medo e humilhação. O pai gritava querendo saber por que ele não era igual ao irmão. O irmão não gostava de ouvir o pai gritando e nem de ver a mãe sendo humilhada o tempo todo.

---

65. Druon, Maurice. *O menino do dedo verde*. Trad. D. Marcos Barbosa. 3. ed. Rio de Janeiro: José Olympio, 1973.

Imaginem esses dois irmãos em uma escola. Imaginem um professor comparando os dois sem saber da doença que envolve a família. Um pai autoritário, cruel; uma mãe fraca; dois filhos fadados a um futuro nebuloso.

Famílias como as de João e José não são incomuns. As relações toscas de uma família doente geram pessoas doentes. E isso dificulta ainda mais o papel da escola. É por isso que se insiste na tese de que o professor precisa conhecer seu aluno, percebendo os limites que interferem em seu processo de aprendizagem. São essas emoções acumuladas que auxiliam ou dificultam a aprendizagem.

A escola, enfim, tem de ser um espaço acolhedor em que as relações de amizade sejam construídas como um exercício para a vida. A ética, o respeito, o cuidado com o outro plantados na escola e na família terão o poder de fazer florescer a cidadania em um outro jardim.

CAPÍTULO 10

O PAPEL DA SOCIEDADE

Não quero lhe falar, meu grande amor
Das coisas que aprendi nos discos.
Quero lhe contar como eu vivi e
tudo o que aconteceu comigo.
Viver é melhor que sonhar.
E eu sei que o amor é uma coisa boa.
Mas também sei que qualquer canto
é menor do que a vida de qualquer pessoa.

BELCHIOR, *Como nossos pais*

A palavra *sociedade* vem do latim *societas*, uma associação amistosa com os outros. *Societas* é derivado de *socius*, que significa *companheiro*. Assim seu conceito está relacionado àquilo que é social. No *Vocabulário jurídico*, volume IV, de De Plácido e Silva,[66] gramaticalmente e em sentido amplo, sociedade significa reunião, agrupamento ou agremiação de pessoas, na intenção de realizar um fim, ou de cumprir um objetivo de interesse comum, para o qual todos devem cooperar e trabalhar. Em princípio, o termo advém da reunião, maior ou menor, de pessoas, de famílias, de povos ou mesmo de nações, compondo uma unidade distinta dos elementos que a integram com um objetivo de interesse comum, razão fundamental de sua constituição. O dicionário de Aurélio Buarque de Holanda confirma esse conceito, referindo-se à sociedade como agrupamento de seres que vivem em estado gregário; grupo de indivíduos que vivem, por vontade própria, sob normas comuns; comunidade; grupo de pessoas que, subme-

66. Silva, De Plácido e. *Vocabulário jurídico*. 11. ed. Rio de Janeiro: Companhia Editora Forense, 1989. Vol. 4.

tidas a um regulamento, exerce atividades comuns ou defende interesses comuns; meio humano em que o indivíduo está integrado.

A Sociologia define *sociedade* como um grupo de pessoas que compartilham propósitos, gostos, preocupações e costumes e que interagem entre si construindo uma comunidade. A Biologia usa o termo para definir um grupo de animais que vivem em conjunto, tendo algum tipo de organização e divisão de tarefas.

E a nova ciência compreende a sociedade a partir de uma visão de mundo integrada, superando a visão mecanicista e fragmentada.[67] Essa visão inclui alguns princípios fundamentais para compreender e a dinâmica social:

- **Princípio da interdependência:** Todos os membros de uma comunidade estão interligados por uma rede de relações que acontece de maneira natural, independentemente da vontade de cada um. Por exemplo, quem testemunha o *bullying* é afetado por ele, ainda que não esteja ocupando o papel de vítima ou de autor. Assim também ocorre com a natureza; cada elemento vivo, para continuar existindo, depende da

67. No livro *A teia da vida: uma nova compreensão dos sistemas vivos* (São Paulo: Cultrix/Amana-Key, 1997), o físico Fritjof Capra supera a visão de mundo mecanicista e apresenta uma visão de mundo ecológica. Mostra que a sustentabilidade é a conseqüência de um complexo padrão de organização que apresenta cinco características básicas: interdependência, reciclagem (o fluxo cíclico de recursos), parceria, flexibilidade e diversidade. Ele sugere que, se estas características, encontradas em ecossistemas, forem aplicadas às sociedades humanas, essas sociedades também poderão alcançar a sustentabilidade.

ação do outro. Portanto, o sucesso de toda comunidade está sujeito ao sucesso individual de cada membro, enquanto o sucesso de cada membro depende do sucesso da comunidade. Compreender a interdependência significa compreender as relações. De maneira simplificada, nutrir uma sociedade é cuidar das relações.

- **Princípio de causa e efeito:** O padrão básico da vida em sociedade é um padrão de rede. Estamos envolvidos numa trama com múltiplos laços de relacionamentos. Significa que as relações entre os membros produzem efeitos que não são lineares, de modo que uma ação não se limita a uma única reação. As conseqüências do *bullying* não são lineares. Elas extrapolam a relação vítima e agressor. De caráter cíclico, as conseqüências avançam para todos os outros membros da sociedade como uma epidemia que se alastra e não poupa ninguém. A idéia de não estar envolvido com a violência social é um engano.
- **Princípio de parceria:** Parceria envolve participação e poder para que cada membro desempenhe o seu papel com compromisso e responsabilidade. Esse princípio agrega os valores de cooperação e solidariedade. A parceria entre os membros da sociedade permite que cada um conheça melhor o outro e compreenda melhor as suas necessidades. Só há parceria quando todos confiam e são confiáveis, o que permite a evolução e a transformação. Nem a vítima, nem o autor, nem as testemunhas, isoladamente, dispõem de mecanismos para sair da violência, até que se tornem de fato parceiros a tal ponto que queiram proteger e ser protegidos pelo outro.

- **Princípio da flexibilidade:** A sociedade está em constante transformação, o que demanda muita criatividade para lidar com todas as variáveis que envolvem o relacionamento humano e diferenciadas estratégias para atuar na resolução dos diferentes conflitos. Nesse momento, ser inflexível causa uma tensão que se converte em mais violência. Flexibilidade inclui o conhecimento de todas as variáveis possíveis que envolvem o problema. Decisões rígidas podem ser injustas e por vezes desastrosas.
- **Princípio da diversidade:** A flexibilidade social conta com a diversidade humana, o que significa relações diferentes, abordagens diferentes e soluções diferentes dentro de um mesmo contexto. Mas a sociedade perde esse movimento, que é uma vantagem estratégica, quando se fragmenta em guetos que se isolam. Nesse caso, a diversidade se transforma em fonte de preconceito e de atrito.

Nesse apanhado de definições e princípios, fica implícito que os membros de uma sociedade compartilham interesses ou preocupações mútuas. O que justifica o fato de a palavra ser usada também como sinônimo para o coletivo de cidadãos de um país governado por instituições nacionais que lidam com o bem-estar cívico. *Cívico* é tudo que é relativo ao cidadão. O termo tem sua raiz na palavra *civil*, que vem do latim *civile*, que designava o habitante da cidade, *civitate*. A civilidade nasceu da necessidade do respeito mútuo, da consideração pelo outro. Noção que foi sendo desenvolvida ao longo da História e que tem formalidades e convenções que variam de acordo com o tempo, o contexto, a cultura. Quanto maior o nível de civilidade entre as pessoas, mais evoluída, respeitosa e integrada é a sociedade.

O **princípio da civilidade** abrange todos os outros princípios já pautados, pois o seu fundamento é o respeito. O respeito é uma palavra essencial para harmonizar as relações. A ausência do respeito repercute de forma desastrosa para o grupo. Quem respeita compreende os princípios básicos do desenvolvimento interno e externo. Em outras palavras, intrapessoal e interpessoal.

O *bullying* é uma violação desses princípios, porque rompe, desconsidera, desumaniza e violenta o outro. O grupo social enfraquece quando um membro decide resolver a própria vida desconsiderando outras vidas. Essa é uma decisão perigosa e põe em risco toda a sociedade. O autor do *bullying* não compromete a vida apenas da vítima escolhida, mas a vida de todas as outras pessoas que compartilham do ambiente.

O primeiro aprendizado sobre civilidade é o de que vivemos numa sociedade constituída por pessoas diferentes entre si e que, apesar disso, gozam dos mesmos direitos e deveres, e que essas diferenças devem ser consideradas sinônimos de diversidade, não de desigualdade; que a vida não se resume exclusivamente à nossa pessoa e aos nossos caprichos, e que a sobrevivência da humanidade depende da convivência harmoniosa, cordial e respeitosa com outras pessoas. Esses ensinamentos principiam na família e são assimilados por seus membros, sobretudo por meio dos modelos. Depois, surge a escola como o segundo mais importante segmento social para tornar a criança apta a viver em sociedade, ou seja, para torná-la civilizada. No entanto, o que acontece com essa aprendizagem quando no ambiente há práticas de incivilidade?

Na escola, o aluno se acostuma com o professor que, aos berros, manda-o parar de gritar. O professor que não se preocupa em apagar a lousa e organizar a sala para o professor da aula seguinte. A diretora que invade a sala e recrimina o professor na frente dos alunos ou repreende, de maneira deselegante, o servente, que não tem como revidar, é a mesma diretora que exige respeito entre os alunos. O professor que rotula um aluno como "lento" dita regras de combate ao *bullying*. A coerência deve ser uma virtude a ser perseguida para evitar tantos vícios penosos ao convívio social.

Os vários exemplos vão se tornando comuns e sendo incorporados pela sociedade. Isso é desastroso, porque contribui para que a vida com o outro se torne desrespeitosa e violenta. O filho não se incomoda mais quando assiste ao pai gritar com a mãe ou à mãe gritar com o pai, ou quando o irmão mais velho muda o canal da televisão sem consultar a opinião dos demais, impondo sua vontade. Este último caso já não provoca tantos confrontos, porque nos dias de hoje é comum, em algumas famílias, que cada membro tenha a sua televisão, o que elimina o desgaste do conflito para encontrar uma solução civilizada. Ironicamente, a mesma tecnologia que aproxima pessoas do mundo todo separa, por vezes, os membros da família.

Esses acontecimentos cotidianos vêm sempre acompanhados de uma boa justificativa para camuflar a incivilidade: a falta de tempo, o cansaço, o nervosismo causado pelo estresse do dia-a-dia, que as pessoas buscam atenuar com brincadeiras. Exemplos habituais que conferem ao autor do *bullying* o direito de usar a desculpa de que "foi só uma brincadeira".

O costume vira hábito, e alguns hábitos violam os direitos dos outros. Aquilo que se aprende em casa e na escola se expande para a sociedade, cresce e se transforma. Essa transformação faz vivenciar situações desagradáveis.

Imagine – talvez nem seja tão difícil fazê-lo – um vizinho que coloque o som do rádio no último volume, sem se importar com os demais, privando-os do direito de ouvir outro tipo de música ou de apenas ficar em silêncio. Ou um colega de trabalho que masque chiclete de boca aberta o dia inteiro, estourando bolas. Um hábito horrível, por sinal, de quem não se preocupa se está ou não incomodando. Outra situação desagradável é sentar-se à mesa de um restaurante para almoçar e alguém na mesa ao lado começa a fumar sem se importar com os demais. Viola seu direito e o de muitas outras pessoas abertamente, sem nenhum pudor. E, se alguém tentar reclamar, segue a típica frase: "Os incomodados que se mudem". Essa idéia, consagrada socialmente, de certa forma legitima a ação dos agressores que incomodam suas vítimas até que elas se "mudem". É um exercício tirano de exclusão. É ausência de respeito, de solidariedade, de humanidade, de civilidade.

Os exemplos de incivilidade vão dos mais simples aos mais complicados de serem administrados, dos mais engraçados aos mais desastrosos. Do vizinho que segura a porta do elevador berrando para o filho vir porque tem gente esperando até aquele grupo de meninos "saudáveis" que se divertem zombando dos outros, destruindo orelhões públicos ou ateando fogo a pessoas.

A civilidade, ou sua ausência, é notada também no trânsito. Dos mal-educados, que não dão lugar a ninguém, aos que agem como competidores de uma guerra. Os numerosos acidentes diários não têm sido suficientes para sensibilizar e educar as pessoas.

Nos teatros e cinemas há aqueles que conversam, que falam ao telefone celular, sem se preocupar se estão incomodando. O que querem é resolver alguma pendência. Pendência, voltando ao trânsito, quer resolver aquele que não tem onde deixar a casca de banana ou a lata de refrigerante e joga pela janela, sem se importar com os riscos de atingir alguém ou poluir o ambiente.

Civilidade se aprende com a prática social. O que nos condiciona a agir de uma maneira ou de outra é a educação. O que nos impede, por exemplo, de colocar os pés no sofá da casa dos outros ou comer de boca aberta é a educação, pois em nossa cultura essas práticas não são próprias de pessoas bem-educadas. Na linguagem popular, uma pessoa civilizada é uma pessoa educada.

Civilidade não se resume ao cumprimento de normas socialmente aceitas: é levar em consideração o outro e seus direitos. Inclui uma vigilância diária sobre as condutas adotadas.

Algumas regrinhas podem ser destacadas, sobre o que *não* se deve fazer: provocar, ser rude ou inconveniente, insultar, agredir, ofender, humilhar, ridicularizar, julgar, comparar, rotular, excluir, fazer comentários jocosos ou observações irônicas que coloquem alguém numa categoria inferior. O ideal é sempre agir positivamente. Adotar uma conduta pessoal de generosidade, de amabilidade. Exercitar a solidariedade. Fazer da cooperação uma prática. Conhecer melhor as pessoas. Conversar olhando nos olhos. Demonstrar que as pessoas são importantes para você. Ou, então, esquecer toda essa lista de conselhos e se concentrar apenas em fazer para o outro o que desejaria que o outro fizesse de melhor para você, como já dissemos repetidas vezes.

Modelos e vivências sociais embasam os valores pessoais, que são referências internas a nortear condutas e a orientar escolhas. Mais eficazes do que regras e sanções, funcionam como aquela voz da consciência que guia o bom senso e auxilia no discernimento entre o certo e o errado, o justo e o injusto, o que é bom e o que não é bom.

O autor do *bullying* reconhece que é errada a violência exercida contra a vítima. Tanto que o faz de maneira camuflada, para não ser descoberto e não sofrer as sanções. Tão nocivo e perigoso quanto o agressor é aquele que pratica a violência com a justificativa de que todos a estão praticando.

Tanto aquele que age pelo prazer da perversidade quanto aquele que age por imitação têm baixos níveis de consciência sobre seus atos, por desconsiderarem as conseqüências da "brincadeira". Essa avaliação demanda reflexão, autoconhecimento e autoconsciência. Muitas vezes, a possibilidade de estar consigo mesmo suscita o medo da solidão e a incerteza do que se pode encontrar em si mesmo.

Um dos maiores desafios dos seres humanos é elevar o nível de consciência para atuar em sociedade de modo mais lúcido, prudente, maduro, equilibrado e responsável. O comportamento social revela o nível de consciência das pessoas:

- **Pessoas impulsivas:** beiram a inconseqüência nos atos cometidos. Normalmente, fazem o que a maioria faz: "Se todo mundo joga papel no chão, eu também vou jogar", "Se todo mundo xinga, eu também vou xingar", "Se todos os meus amigos bebem, eu também vou beber". Superar a impulsividade significa elevar as ações acima do conselho e da opinião da multidão. É avançar do senso comum para o bom senso.

- **Pessoas autoprotetoras:** geralmente agem baseadas em interesses pessoais. Algumas testemunhas do *bullying* podem se encaixar nesse perfil e até se tornarem agressoras para se protegerem do papel de vítimas. Não se privam de tirar vantagens para si, mas se preocupam com as sanções que possam sofrer, por isso cumprem regras para não serem punidas. Pregam a honestidade, mas são desonestas consigo.
- **Pessoas acomodadas ou conformadas:** geralmente optam por resignar-se e submeter-se às normas, mesmo contrariadas. O baixo nível de consciência é marcado pela omissão e pela submissão. "Às vezes, lavando as mãos, sujamos a consciência." Outro dia, pela televisão, ouvi o depoimento de uma mãe que havia perdido a filha, vítima da violência urbana, que dizia: "Um dia, cada um de nós irá colher o mal pelo bem que deixou de fazer". Agir de maneira consciente é saber que, como disse Molière, não somos responsáveis apenas pelo que fazemos, mas também pelo que deixamos de fazer.
- **Pessoas conscientes e autônomas:** têm clareza de seus atos, costumam avaliar e justificar suas escolhas com base em princípios e não têm medo de correr riscos. Uma pessoa consciente e autônoma não se encaixa no perfil de alvo, nem no de autor de atos violentos e, quando testemunha a violência, não se omite. Este é o mais elevado nível de consciência. Uma educação focada na autonomia inclui liberdade de escolhas e dá à pessoa a possibilidade de pertencer ao grupo social.

Em todos esses níveis há que se considerar a maturidade e o processo natural de desenvolvimento do ser humano. Da infância à vida adulta, experimentamos todas essas fases em nossa vida. O ideal de uma sociedade civilizada é o de que todos evoluam até se tornarem conscientes e autônomos. Não evoluir significa permanecer estagnado em uma dessas fases. A busca por novos níveis de consciência ajuda a enxergar, com clareza, o potencial e o propósito da vida. Senão, a vida é apenas uma latente espera para que alguém solucione o que deve ser solucionado.

Educamos e somos educados em todos os espaços sociais, mesmo sem nos darmos conta dessa dinâmica. São naturais os instintos de sobrevivência e reprodução, contudo as noções de civilidade são frutos da educação. Desde as mais elementares, como higiene, até os conhecimentos abstratos sobre ciências. Um processo que é permanente e contínuo e que acontece ao longo de toda a nossa vida. É tarefa que cabe a todos os agentes sociais.

Aprendemos e ensinamos o tempo todo. Esse movimento pode ser negativo ou positivo e produzir, conseqüentemente, efeitos negativos ou positivos. Uma constatação que parece óbvia, mas a sociedade costuma tropeçar justamente na obviedade. Aquilo que é óbvio nos discursos não se efetiva como uma prática do cotidiano até que se torne significativo. Entre o óbvio e o significativo está o espaço da vivência e da possibilidade de experimentar aquilo que realmente se deseja viver. Desejar a paz e admitir viver ou praticar a violência é uma incoerência. Bem como esperar ser respeitado e desrespeitar, ou como o professor que exige posturas cordiais e elegantes dos alunos – quer que eles digam "bom dia", "por favor", "desculpe-me" –, mas não cumprimenta o porteiro da escola.

A sociedade se educa para formar cidadãos. Todavia a dinâmica social só acontece com o exercício da cidadania, que confere ao indivíduo o direito de participar. É na prática da cidadania que tomamos consciência de que somos sujeitos de direitos e deveres e temos, portanto, o *direito* de ter direitos e deveres. Os excluídos dessa dinâmica se convertem em perigo para a sociedade. Restam a eles apenas um aglomerado de regras e de obrigações e o desejo de contrariá-las.

Nossa sociedade está cheia de regras. De conduta, de bem viver, de comportamento social, de etiqueta, de convivência familiar, regras e mais regras inventadas pelas pessoas para tentar viver melhor em sociedade. Nos espaços favoráveis à prática da violência, as regras acabam se tornando mais importantes do que as pessoas.

O valor e a consideração atribuídos às pessoas revelam uma sociedade favorável ou desfavorável, tolerante ou intolerante à prática da violência, seja qual for a sua natureza – o que inclui o *bullying*. Esse tipo de agressão pode acontecer em qualquer outro contexto social, além da escola, onde seres humanos interajam. O Reino Unido divulgou algumas possibilidades de casos de *bullying* na sociedade:[68]

- **O *bullying* no trabalho:** em locais de trabalho, freqüentemente as pessoas pensam que esse tipo de fenômeno é apenas um problema ocasional entre os indivíduos. No entanto, é mais que um ataque fortuito de raiva ou uma briga. A intimidação regular solapa a integridade e a

68. Dados publicados pelo Workplace Bullying Institute [Instituto do *Bullying* no Local de Trabalho], no *site* <www.bullyinginstitute.org>. Acesso em: 28/5/2008.

confiança da vítima. A cultura da organização muitas vezes aceita ou até mesmo encoraja a violência.

- **O *bullying* na vizinhança:** entre vizinhos, o *bullying* normalmente toma a forma de intimidação por comportamento inconveniente: barulho excessivo para perturbar o sono, forjar incidentes para prestar queixa às autoridades. Esse tipo de provocação tem o propósito de perturbar a vítima a tal ponto que ela acabe por se mudar. Nem sempre o comportamento inconveniente de vizinhos pode ser caracterizado como *bullying*. A mera falta de sensibilidade ou civilidade pode ser uma boa explicação em alguns casos.
- **O *bullying* entre países:** pode acontecer quando um país decide impor sua vontade a outro. Esse tipo de violência acontece, por exemplo, quando um país ameaça outro de suspender ajuda e doações ou não permitir que se associe a uma organização de comércio.
- **O *bullying* militar:** apesar de ser considerado um abuso o uso da força física para intimidar ou vitimizar outros, ainda é uma prática protegida contra investigações. Em alguns países, rituais humilhantes entre recrutas têm sido tolerados e mesmo exaltados como um "rito de passagem" que constrói caráter e resistência.

A crueldade social é sempre marcada pela disputa do poder. Michel Foucault diz que, a rigor, o poder não existe; existem, sim, práticas ou relações de poder.[69] O "forte" vence e o

69. Foucault, Michel. *Microfísica do poder*. 16. ed. Rio de Janeiro: Graal, 2001.

"fraco" é excluído. Permanece a idéia tacanha de que temos uma única opção: ganhar ou perder. Essa era uma visão dos tempos bárbaros, em que vitória era sinônimo de violência. Na arena romana, o imperador autorizava, a pedido da platéia, a execução do perdedor. Era matar ou morrer.

Mas a humanidade tem outras opções. Jesus Cristo, Gandhi, Luther King, por exemplo. Os ensinamentos de grandes líderes da humanidade, como eles, permanecem vivos até os dias de hoje porque o exercício do poder é aperfeiçoado pela força do amor, com o firme propósito de tornar o outro cada vez melhor.

Jesus Cristo é considerado um dos maiores líderes que o mundo já conheceu. Não possuía o poder dos romanos, que, pela força do medo, manipulavam suas tropas, mas influenciou e influencia bilhões de pessoas pelos serviços que prestou à humanidade e pelos sacrifícios pelos quais passou. Entusiasmou pessoas por amá-las verdadeiramente, por saber ouvi-las, por não julgá-las, por acreditar no potencial de cada uma e na força da equipe. E mudou o mundo pelo compromisso assumido com a causa e, sobretudo, pelas infinitas lições de amor.

Mahatma (Grande Alma) Gandhi chamou a atenção do mundo para as injustiças por meio de seu sacrifício. Viveu num país oprimido e declarou que obteria a independência da Inglaterra sem recorrer à violência. Serviu pessoalmente à causa e se sacrificou por ela. Não se submeteu à injustiça e conquistou, pela força da vontade, a independência da Índia, libertando mais de 250 milhões de hindus. A força da indignação se sobrepôs à injustiça.

Martin Luther King sonhou, e sua declaração "I have a dream" ficou na história. Como resultado desse sonho, ele ajudou a conquistar avanços consideráveis no âmbito dos direitos civis e foi uma luz para milhões de negros.

Esses líderes ensinaram, pelo exemplo de vida, o sentido da compaixão, da solidariedade, da responsabilidade, do cuidado e do amor ao próximo, trabalhando por algo além de si mesmos. No Brasil, o sociólogo Herbert de Sousa, o Betinho – para buscar um exemplo entre tantos outros –, soube apropriar-se do fio de vida que lhe restava e transformou sua fragilidade física em grandeza de humanidade.

Para viver em sociedade precisamos de aliados. Precisamos contar com a boa vontade de alguns e o esforço de todos. Somar aliados é importante, mas ter amigos é fundamental. Os amigos são capazes de reconhecer realidades e necessidades além das suas próprias. Há muitas receitas para o convívio humano, contudo há uma única regra que sintetiza todas as outras: aprender a colocar-se no lugar do outro (mais uma vez... A repetição é proposital para que essa regra não seja esquecida). Condição que permite compreender o outro a partir do ponto de vista dele. Afinal...

Todo ponto de vista é a vista de um ponto

Ler significa reler e compreender, interpretar.
Cada um lê com os olhos que tem.
E interpreta a partir de onde os pés pisam.
Todo ponto de vista é a vista de um ponto.
Para entender como alguém lê, é necessário saber como são seus olhos e qual é a sua visão de mundo.
Isso faz da leitura sempre uma releitura.

A cabeça pensa a partir de onde os pés pisam.

Para compreender, é essencial conhecer o lugar social de quem olha.

Vale dizer como alguém vive, com quem convive, que experiências tem, em que trabalha, que desejos alimenta, como assume os dramas da vida e da morte e que esperanças o animam.

Isso faz da compreensão sempre uma interpretação.

Sendo assim, fica evidente que cada leitor é co-autor.

Porque cada um lê e relê com os olhos que tem.

Porque compreende e interpreta a partir do mundo que habita.[70]

A amizade baseia-se na descoberta de que, apesar de diferentes, existe algo fundamentalmente igual em todos. Sempre podemos contar com alguém que sabe que pode contar conosco. Onde há troca, há também o reconhecimento de que pertencemos. O pertencimento não deve ser interpretado como posse, mas como a possibilidade de fazer parte. Pertencer tira o indivíduo da posição relativa ou passiva, pois lhe confere importância e valor. O sentimento de pertencimento reflete a importância e a valorização que a sociedade nos confere.

Como cobrar responsabilidade, compromisso, dedicação, civilidade de alguém que não se sente parte de um grupo? O exercício da cidadania só se materializa quando o cidadão sente efetivamente que pertence. Esse sentimento enseja um novo sentido para a vida em sociedade. Quando a realidade ficar

70. Boff, Leonardo. *A águia e a galinha: uma metáfora da condição humana.* 34. ed. Petrópolis: Vozes, 2000.

muito distante e difícil de concretizar, quando a sociedade não encontrar caminhos para fazer as pessoas se sentirem partes do todo, deveremos perguntar a uma criança o que ela faz quando percebe que um amigo ficou isolado de uma brincadeira. Um amigo de verdade demonstra, pela ação, que o outro é importante. Um amigo de verdade não permite que o outro seja abandonado ou que abandone seus sonhos...

A menina do leite

Laurinha, no seu vestido novo de pintas vermelhas, chinelos de bezerro, treque, treque, lá ia para o mercado com uma lata de leite à cabeça – o primeiro leite de sua vaquinha mocha. Ia contente, rindo-se e falando sozinha.

– Vendo o leite – dizia – e compro uma dúzia de ovos. Choco os ovos e antes de um mês já tenho uma dúzia de pintos. Morrem... dois, que sejam, e crescem dez – cinco frangas e cinco frangos. Vendo os frangos e crio as frangas, que crescem e viram ótimas botadeiras de duzentos ovos por ano cada uma. Cinco: mil ovos! Choco tudo e lá me vêm quinhentos galos e mais outro tanto de galinhas. Vendo os galos. A dois cruzeiros cada um – duas vezes cinco, dez... – mil cruzeiros!... Posso então comprar doze porcas de cria e mais uma cabrita. As porcas dão-me, cada uma, seis leitões. Seis vezes doze...

Estava a menina neste ponto quando tropeçou, perdeu o equilíbrio e, com lata e tudo, caiu um grande tombo no chão.

Pobre Laurinha!

Ergueu-se chorosa, com um ardor de esfoladura no joelho; e enquanto espanejava as roupas sujas de pó viu sumir-se, embebido pela terra seca, o primeiro leite de sua vaquinha mocha e com ele os doze ovos, as cinco botadeiras, os quinhentos galos, as doze porcas de cria e a cabritinha – todos os belos sonhos da sua ardente imaginação...[71]

Talvez a menina não tenha dado muita sorte. Talvez essa queda a ajude a encontrar uma possibilidade ainda melhor para seus projetos. Talvez ela encontre condições favoráveis e pessoas dispostas a ajudá-la, ou talvez não. Um obstáculo no caminho pode favorecer uma nova possibilidade de ação ainda mais genial. Continuar ou desistir é sempre uma escolha individual. Cada pessoa é capaz de resistir às adversidades, utilizando-as para crescer. É saber usar todos os momentos para aprender. Esse é um aprendizado para a vida, que só se aprende vivendo em harmonia consigo mesmo e com o outro.

71. Lobato, Monteiro. *Fábulas*. 19. ed. São Paulo: Brasiliense, 1962.

Capítulo 11

O papel do governo

Há quem fale que a vida da gente
é um nada no mundo.
É uma gota, é um tempo que nem dá um segundo.
Há quem fale que é um divino mistério profundo.
É o sopro do criador numa atitude repleta de amor.

[...]

Somos nós que fazemos a vida
como der ou puder ou quiser...

Gonzaguinha, *O que é? O que é?*

No conceito político, a palavra *governo* nomeia o conjunto de órgãos que realiza a administração pública, exercendo poderes delegados pela soberania do povo. O termo é derivado de *governar*, do latim *gubernare* (conduzir, dirigir, administrar). Em seu sentido amplo, significa toda *direção* ou *regência* dada a uma série de fatos ou de coisas. Mas, em sentido estrito, especialmente aplicado às bases da organização em que o governo se estabelece, compreende o complexo de regras ou princípios adotados para que sirvam de orientação ou de fundamento aos poderes dos governantes.[72]

Os governantes são os atores que operam no governo. Um exercício que exige sabedoria ética, como determinação do certo, do melhor, do justo e do limpo, para glorificar a vida cheia de oscilações que geram as desigualdades, as exclusões sociais e a violência. Contudo, são esses abalos sociais que fundamentam a necessidade do governo. Ser

---

72. Silva, De Plácido e. *Vocabulário jurídico*. 11. ed. Rio de Janeiro: Forense, 1989. Vol. 2.

governado significa ser regulamentado, ser avaliado, ser censurado, na mesma proporção em que se é cuidado, olhado, observado, orientado.

Censurar e cuidar são faces da mesma moeda. É sempre um posicionamento tênue entre o bem e o mal, o certo e o errado, o justo e o injusto. Em abril de 2008, a Justiça do Rio Grande do Sul proibiu a importação e distribuição do jogo virtual *Bully* em todo o território nacional. Uma decisão polêmica, um posicionamento, aos olhos de muitos, absolutamente imperioso, mas que buscou em sua justificativa afastar da sociedade mecanismos de violência. A promotoria se baseou num laudo da Sociedade de Psicologia do Estado. De acordo com o laudo, o *game* teria efeito nocivo, tanto para adolescentes quanto para adultos. Nele, o jogador é um estudante que deve combater outros com violência.

O termo *bully* pode ser comparado à expressão *canis canem edit* (cão come cão). Ou, se quisermos, *homo homini lupus* (o homem é o lobo do homem), frase cunhada por Plauto, um dos maiores autores de comédias da literatura latina, e divulgada mundialmente por Thomas Hobbes em seu livro *De cive, epistola dedicatória*. Tragicamente, constatamos que a mesma tecnologia que opera maravilhas em nossa vida e que nos aproxima uns dos outros pode nos afastar e nos desumanizar. O jogo *Bully* ensina estratégias para combater violência com mais violência. Uma infeliz ajuda para o retorno à animalidade.

A censura nunca é bem vista aos olhos dos censurados, o que exige firmeza e clareza de intenções daqueles que têm o poder de censurar. Assim acontece quando um pai proíbe o filho de ir a uma festa ou de assistir a um determinado programa de televisão. O sentimento é de punição. Entretanto, toda censura cunhada na prevenção tem um caráter educativo e não punitivo.

Os pais, na educação dos filhos, acompanham, encorajam, orientam. Governam a família. Governam os filhos. Decidem sobre educação, escolaridade, lazer. Fornecem ferramentas para lidar com as incertezas e as imprevisibilidades da vida. Uma criança sem família fica sem governo, sem orientação, sem noção de regras e princípios, sem censura. A escola também é um núcleo social com princípios, regras, sanções, direitos e deveres. Cada membro dessa comunidade tem tarefas e responsabilidades. Cabe à ação pedagógica criar oportunidades para que os alunos compreendam o mundo, compreendam o outro, compreendam a si mesmos, reconheçam a diversidade humana e encontrem a melhor maneira de participar e de ser feliz. Não se trata, porém, de uma nova disciplina curricular, mas de estratégias educativas que ofereçam oportunidades de escolha, de participação para conhecer e pertencer e para se reconhecer como sujeito de direitos, deveres e talentos.

Uma jovem diretora me contou sua experiência com os que ela chamava de os "piores alunos da escola". Tudo começou quando assumiu a direção de uma escola localizada em um bairro periférico da Grande São Paulo. Não foi escolha sua, mas a baixa pontuação no concurso não lhe deu outra opção. Conta que quase abdicou do cargo quando tomou conhecimento do local da nomeação. A família inteira pediu que ela desistisse. Além disso, logo que chegou à escola, os primeiros comentários que ouviu já revelaram os rótulos e julgamentos: "Os pais são ausentes"; "As famílias são todas desestruturadas"; "Os alunos são perigosos"; "Não há noção de limites"; "Há muita violência". Foi então que se deu conta do seu primeiro obstáculo: professores desencantados. Assim foram as reuniões iniciais com a equipe. A única característica que os sustentava como grupo era a certeza comum de que não havia saída para aquela situação, a não ser contorná-la sem muito envolvimento, pois isso seria até "perigoso". Ouvia somente lamúrias e queixas. Alguma coisa precisava ser feita. Como poderia sobreviver num clima assim? Os alunos não acreditavam nos professores, que, por sua vez, também não acreditavam nos alunos. Na verdade, nem professores nem alunos acreditavam ser importantes uns para os outros. Aquilo não parecia uma escola, mas um rito de passagem na carreira: entrar e sair o mais rápido possível, sem fazer muitos movimentos. Alguns professores aguardavam a remoção, outros aguardavam a aposentadoria, outros nem sabiam o que faziam ali, apesar dos anos de experiência.

As primeiras tentativas inovadoras logo deram o que falar: "Você ainda é nova!"; "Tem muito que aprender!"; "Faltou para você um pouco mais de vivência de sala de aula!"; "Não tenho mais idade para coisas novas!"; "Tudo é lindo na teoria!". Uma professora chegou a dizer-lhe: "Você está precisando casar e ter filhos pra ver se arruma outra ocupação para a sua mente além das propostas milagrosas". A diretora sabia que estar ali tinha algum sentido e decidiu dar um novo alento à vida daqueles professores e alunos. Pediu aos professores que fizessem uma lista com os nomes dos alunos que julgavam "não ter mais jeito" e que estavam condenados como casos perdidos. Eles adoraram a tarefa! Até aquele momento, essa havia sido a única proposta acolhida pelos professores: fazer a lista dos condenados. Da relação, constavam, aproximadamente, cinqüenta nomes.

"Eu ainda não sabia bem o que fazer com a lista, mas sabia que tinha de fazer algo", confessa a diretora. "Reuni todos os alunos numa sala de aula e entrei sozinha para conversar." Desconfiados e, mais uma vez, sentindo-se excluídos, os alunos reagiram de maneira intimidadora: "O que foi, dessa vez, dona?". A diretora pediu a palavra: "Eu soube através de seus professores que vocês são especiais. São alunos que se destacam, são líderes em suas salas, buscam a transformação das situações, posicionam-se diante das questões polêmicas, revoltam-se e reagem diante das situações que incomodam." Um silêncio tomava conta da sala, somente a voz da diretora era ouvida. Os alunos começaram a se olhar com surpresa e a movimentar as cabeças, dando sinal de concordância com o discurso da diretora, que continuou: "Preciso de vocês! Vamos fundar juntos o Projeto Multiplicadores. O que podemos multiplicar? Podemos começar cuidando da aparência da nossa escola e, como multiplicadores, vocês participarão da proposta, da divulgação, da conscientização dos demais alunos e da comunidade".

E assim o projeto foi tomando corpo. Foram várias as reuniões, muitas propostas, muitas idéias, grandes conflitos. Entretanto o foco dos conflitos já não estava nas pessoas, mas nas questões que envolviam o projeto. Os professores aos poucos foram se envolvendo. "Nunca pensei que em uma única comunidade houvesse tanta gente de talento: serviços de pedreiro, de encanador, eletricista, jardinagem e tantos mais." O projeto cresceu tanto que do embelezamento da escola surgiu a idéia de embelezar as pessoas, e as propostas não pararam mais de crescer – nem as propostas, nem os desafios.

A fórmula mágica ficou por conta da ousadia da diretora, que enxergou as possibilidades além das falas e das aparências; que enxergou os alunos com um novo olhar; que deu a eles a oportunidade de serem realmente especiais, importantes, capazes. Essa ação produziu um novo sentido à vida desses garotos e garotas. O reflexo da ação se expandiu e "contaminou" pais, amigos, professores, comunidade. Hoje a escola não é mais pichada, conta a diretora. Acabaram os vidros quebrados e os alunos apresentaram melhoras significativas tanto nos relacionamentos quanto no aproveitamento escolar.

O diretor é o agente que governa a sua escola. Pais e professores governam a vida de filhos e alunos a fim de que desenvolvam competências e habilidades para viver em sociedade de maneira saudável, responsável, justa e feliz. São guardiões da vida e da felicidade. Um guardião não permite que o seu protegido sofra ou seja aniquilado. Não admite a humilhação, a ridicularização, a exclusão. Não admite uma vida sem sentido e sem valor para aqueles por ele guardados.

Guardião é todo aquele que tem a incumbência de guardar (vigiar atentamente) algo. Na terminologia eclesiástica, o termo designa um dos superiores dos conventos dos frades franciscanos ou o prelado ordinário de cada convento.

"Guardamos" e somos "guardados" por alguém e somos, ao mesmo tempo, guardiões dos nossos pensamentos e escolhas. Essa última função confere a liberdade de autogoverno, de exercício da autonomia. As opções pessoais, ou seja, governadas por nossa consciência, implicam deixar de trilhar certos caminhos. Diante de muitas possibilidades escolhemos uma, o que representa deixar de viver outras experiências. Casar ou não casar, ter ou não ter filhos, optar por uma ou outra profissão, fazer amigos, usar esta ou aquela roupa, seguir por este ou por aquele caminho, compartilhar ou não um segredo, tudo na vida demanda escolha. Toda escolha é um posicionamento íntimo. Quando alguém faz uma escolha, busca a felicidade e não o sofrimento. Mas há que se considerar que esses conceitos não são universais; cada qual tem sua maneira peculiar de ser feliz. Há que se considerar também aqueles que defendem o sofrimento como processo de libertação, amadurecimento e até felicidade. Contudo, cabe ao governante considerar que as oportunidades precisam ser criadas para que as escolhas sejam feitas.

As escolhas dependem, dentre outras coisas, das diferentes interpretações de um mesmo contexto. Várias culturas olharam o céu e o interpretaram de diferentes maneiras, levando em consideração o conhecimento e a sabedoria que tinham sobre as coisas da vida. Para nós, a estrela que mais brilha no céu noturno chama-se Sírius. Na Grécia antiga, Sírius é uma estrela alfa, isto é, a mais brilhante da constelação do Cão Maior – um dos cães de caça do gigante caçador mitológico Órion. No Egito, essa mesma estrela era conhecida pelo nome de Sótis (a maravilha). Graças a seu brilho, a estrela Sótis demorava a desaparecer do céu que amanhecia e, muitas vezes, era vista ainda instantes antes do nascimento do sol. Esse fenômeno de natureza periódica marcava um importante evento do calendário egípcio: o período das esperadas cheias do rio Nilo. No entanto nem sempre as cheias aconteciam nos prazos esperados. As duas naturezas distintas, marcadas por cheias e secas, exigiam novas explicações e novas estratégias para lidar com as imprevisibilidades. Mas há magníficas possibilidades de fazer da enchente a oportunidade de pensar o período de seca, e da seca a chance de aproveitar a água em abundância da enchente. Com que conhecimento e sabedoria enfrentamos a violência? Que oportunidades são oferecidas aos socialmente excluídos? Que possibilidades examinamos ante as intolerâncias? Quem cria as esperanças e as oportunidades?

A natureza, assim como a vida humana e social, tem imprevisibilidades que necessitam ser compreendidas, explicadas e enfrentadas. Fazer a melhor escolha, diante das incertezas, do medo, da violência, das desigualdades, é a questão central desse dilema. Contudo, fica difícil fazê-las quando as circunstâncias só nos dão a possibilidade de viver a seca ou a enchente, de ser o agressor ou o agredido, de ser o autor ou a vítima da violência.

Os princípios defendidos e cuidados pelo governo se convertem em estratégias de ação que atendem aos princípios da sociedade. Todavia, aqui destacamos o princípio da igualdade de oportunidade. Cabe ao governo proporcionar oportunidade a todos os seus cidadãos, manter acesa a chama da esperança permanente.

Para que a família, a escola e a sociedade possam desempenhar suas funções e dar conta delas, é necessária também a existência de políticas públicas que contemplem as necessidades humanas em todas as suas dimensões: educação, saúde, segurança, lazer, moradia. As políticas públicas devem favorecer as parcerias entre escola, família e comunidade.

Política pública é um conceito de política e de administração que designa certo tipo de orientação para a tomada de decisões em assuntos públicos. É o conjunto de ações coletivas voltadas para a garantia dos direitos sociais, configurando compromisso público para dar conta da demanda social, uma questão que não pode ser enxergada com a ótica dos mais favorecidos, desconsiderando os desfavorecidos de oportunidades. Afinal, não há pessoas inferiores ou superiores, mas com funções e responsabilidades diferentes.

Um exemplo de união e correlação entre as pessoas é a Santíssima Trindade, em que nenhuma Pessoa é inferior à outra, nem mais poderosa, porém igual. O que une as Pessoas na Trindade é o amor. No Antigo Testamento, Deus se revela como guardião, como Aquele que existe para servir o povo, para amar o povo, para proteger o povo, para conduzir o povo, como a águia que carrega os filhotes em suas asas. Esta não é, absolutamente, uma apologia ao assistencialismo, pois seria desmerecer a capacidade de as pessoas alçarem seus próprios vôos. O "carregar" da águia não significa voar pelos filhotes, mas compartilhar esse vôo com eles. De que outra maneira os filhotes poderiam conhecer a existência de diferentes espaços? Assim são os pais que governam a casa, servindo os filhos, e servindo mais os pequeninos, os mais fracos e indefesos, para que aprendam a "voar". Assim devem ser os governos, apontando propostas reais para novas perspectivas e novas esperanças.

O enfrentamento do fenômeno *bullying*, bem como de tantas outras problemáticas sociais desafiadoras, não é uma simples questão de regras e princípios, mas de estratégias que favoreçam a vivência das regras e a experimentação dos princípios. Albert Einstein dizia que "a mente que se abre a uma nova idéia jamais volta ao seu tamanho original".

Estamos vivendo um momento propício para novas aprendizagens. As inovações tecnológicas e científicas tornam o mundo um palco de inovações e transformações em todas as estruturas sociais. Diante das modificações, a educação nos dá respostas às crescentes necessidades e desafios de um mundo que muda rapidamente. Em face dessas exigências, surgem projetos tão simples e, ao mesmo tempo, tão complexos, que sugerem inovação, criatividade, ousadia e vontade política para ousar operar diante das mudanças. Cabe ao governo apresentar premissas que envolvam iniciativas fidedignas para encher de entusiasmo a vida das pessoas.

O **Programa Escola da Família** é um exemplo de iniciativa que consagra uma educação de excelência.

Implantado a partir de agosto de 2003, o Programa é uma ação da Secretaria de Estado da Educação de São Paulo com a cooperação técnica da Unesco e o apoio de outras organizações não-governamentais. O espaço utilizado pelo programa é o das escolas públicas que abrem suas portas nos finais de semana, com o propósito de atrair os jovens e suas famílias para a prática da cidadania. Nas escolas, são desenvolvidas ações socioeducativas, organizadas em quatro eixos norteadores: esporte, cultura, saúde e qualificação profissional, com o intuito de fortalecer a auto-estima e a identidade cultural das diferentes comunidades que compõem a sociedade paulista.

Os principais objetivos do projeto são desenvolver a cultura da paz, ampliar os horizontes culturais e as perspectivas de vida de crianças, jovens e adultos, promovendo a qualidade de vida e a inclusão social; vincular as atividades dos fins de semana ao projeto pedagógico da escola, garantindo seu caráter educativo; incentivar a comunidade a apropriar-se, com responsabilidade, dos espaços escolares; e contribuir para a redução do índice de violência, por meio de ações preventivas e socioeducativas.

A ousadia do governo cuidou de atender os 645 municípios do estado de São Paulo, abrindo 5.306 escolas estaduais. Avaliado como o maior programa da Unesco no mundo, por sua dimensão e abrangência, a proposta, efetivamente inclusiva, considerou que os jovens estão em todas as localidades e que a infância não espera para acabar; portanto, não seria efetivamente inclusiva se privilegiasse apenas algumas regiões com a abertura de algumas escolas.

Um investimento focado nas pessoas para cuidar de gente. As aquisições puramente materiais se esgotam, mas as conquistas pessoais se multiplicam. Eram 5.306 educadores profissionais organizadores das atividades de final de semana; mais de 300 coordenadores de área responsáveis, cada um, por um grupo de aproximadamente vinte escolas. Milhares de estudantes universitários – bolsistas beneficiados pelo Programa Bolsa-Universidade – para a realização de atividades com a comunidade; aproximadamente 40 mil voluntários nos finais de semana compartilhando generosamente habilidades e talentos.

Os resultados qualitativos destacam: participação ativa das comunidades nos fins de semana; desenvolvimento do protagonismo juvenil; fortalecimento da auto-estima e da identidade cultural; fortalecimento do sentimento de pertencimento; diminuição em todos os índices de violência; ampliação do universo cultural; responsabilidade social; desenvolvimento de vocações, habilidades e talentos; reconhecimento da escola como um lugar prazeroso e de convívio cordial e solidário; perspectiva profissionalizante para as populações em situação de exclusão social, dando-lhes mais oportunidade de ingresso no mercado de trabalho; acesso a informações que contribuem para a melhoria da qualidade de vida; preservação do meio ambiente; estabelecimento de parcerias; valorização do trabalho voluntário; defesa da democracia e da adoção de atitudes democráticas.

Essa ação pode significar uma nova chance para quem não teve oportunidade de, um dia, freqüentar a escola. Aberta aos fins de semana, a Escola Estadual Professor João Solidário Pedroso, na região de Americana, registra o depoimento de um participante de 77 anos, aluno do curso de alfabetização:

> *É muito gratificante reaprender aquilo que já tinha esquecido; revigora a vida, formamos muitas amizades. A escola aberta aos sábados e domingos foi a melhor idéia, pois estávamos fora da realidade. Se deixo de vir um sábado à escola, a semana pra mim fica inacabada. Tenho uma excelente professora, que facilita as coisas pra gente. A escola me ressuscitou, me sinto um jovem aos 77 anos. Minha esposa sempre quis estudar e adoramos estar aqui. Isso nos trouxe uma nova vida, pois não sabíamos nem conversar. Hoje, praticamente minha família toda está aqui na escola nos finais de semana, pois minha filha também faz o curso de alfabetização. O ensinamento nos leva a pensar mais. Agora que o estado de São Paulo evoluiu na sabedoria, está deixando os outros para trás.*[73]

---

73. Todos os depoimentos relacionados ao Programa Escola da Família são fruto de minha observação e testemunho em atividades desenvolvidas nas escolas. Os nomes mencionados aqui são fictícios, mas as situações são reais.

Essa iniciativa mobilizou mais de 40 mil voluntários de todas as idades e com as mais variadas habilidades. Esse foi o caminho encontrado pelo governo para revelar o espírito solidário das pessoas. Assim foi com um aluno do ensino médio da Escola Estadual Alexandre Ávila Borges, na região de Barretos:

> *Hoje eu posso ver o quanto a minha vida mudou. Eu enforcava as aulas para jogar bola. Não mais me interessava. Ao ser convidado para ser voluntário do Programa, achei que ia ser apenas divertido, mas pude perceber a seriedade dessa iniciativa e comecei a ter mais responsabilidades. Vi que eu não posso ser alguém se não for um aluno aplicado. Os professores estão felizes com a minha mudança e meus pais também, pois meu pai trabalha cortando cana e a minha mãe fica em casa cuidando de cinco irmãos. [...] vejo e encaro o mundo com outros olhos e tenho certeza de que poderei ajudar os meus pais.*

Essa proposta revela talentos. Uma moradora vizinha da Escola Estadual Pedra Branca, na região de Itapecerica da Serra, descobriu um talento que desconhecia:

> *Antes eu não tinha nenhuma motivação para viver, cultivava hábitos não muito saudáveis e a vida não tinha sentido pra mim. Foi então que eu comecei a freqüentar a escola nos finais de semana, ensinando crochê como voluntária. Aos poucos, minha vida passou a ser mais interessante. Com essa atividade percebi que podia ser mais útil às pessoas da minha comunidade. Tudo isso me fez sentir mais valorizada e hoje ajudo na renda de casa confeccionando tapetes e toalhas de barbante.*

Esse Programa resgata um novo sentido para a vida das pessoas. Para o jovem aluno da Escola Estadual Doutor Isaías José Pereira, de Cruz das Posses, na região de Sertãozinho, tudo começou por curiosidade e por falta de opção de atividades no final de semana:

> *[...] Comecei a participar das aulas de violão porque amo música. Já faz quase um ano que minha vida mudou. Passei a respeitar mais a escola, meu rendimento melhorou, conquistei inúmeras amizades, aprendi a dar valor à vida, meu relacionamento com a minha mãe melhorou muito, aprendi sobre música e ainda comprei um violão, que hoje é o meu principal companheiro. Não falto um dia, pois é um prazer participar dos sábados e domingos. Posso afirmar que o Programa está sendo um sucesso.*

Essa idéia pode significar a conquista de um novo espaço familiar. Uma voluntária na Escola Estadual Professora Sylvia Ribeiro de Carvalho, na região de Marília, disse que ganhou uma nova família:

> *O Programa abriu novas perspectivas para mim. Com ele estou tendo a oportunidade de me reintegrar à sociedade e de ter uma nova família. Sou muito agradecida a todos que acreditaram em mim e estão me ajudando. Eu quero muito voltar a ter esperança. Estou ensinando a fazer bonecas de lã, porta-retratos e porta-jóias. Eu gosto de ensinar.*

Essa idéia renova o conceito de escola. A diretora da Escola Estadual Professor José Sanches Josende, na região de

Mogi das Cruzes, fala sobre a transformação da escola e dos alunos:

> *Durante um ano e meio conseguimos manter a conservação do prédio, graças ao esforço dos próprios alunos. O problema é que, com o ingresso de um novo grupo de estudantes, o processo de conscientização recomeça. Aos poucos, os que chegam vão percebendo que aqui não há mais espaço para nenhum tipo de violência e se intimidam.*

Em três anos de Programa, as pesquisas registraram uma queda vertiginosa nas ocorrências de violência em escolas em todo o estado. Houve redução de 46,5% nas agressões físicas e acima de 81% no porte de drogas. Na vizinhança das escolas, os índices gerais de violência foram reduzidos em 36%. Os dados das pesquisas confirmam o aumento da preocupação e do cuidado da comunidade com as escolas em todo o estado. Desde o começo do programa, as depredações caíram em 34,6%, as pichações em 35,3% e as invasões em 37,2%. Nas ocorrências contra a pessoa, a redução é ainda mais significativa: os furtos caíram 45,5% e o porte ilegal de armas, 38,1%. Os dados constam do Relatório de Progresso de 2006; documento oficial da Unesco, elaborado anualmente, que confere os avanços do Programa.

É importante destacar que muitos estados e municípios brasileiros também abrem as escolas em finais de semana e conseguem difundir esse conceito de pertencimento. Quando a comunidade percebe que a escola lhe pertence, a tendência é que cuide da escola, que não a destrua e que a utilize como um espaço de paz.

O **Projeto Escola de Tempo Integral**, lançado pelo governo de São Paulo em dezembro de 2005, é outro exemplo audacioso e inovador.

O projeto teve início no primeiro semestre de 2006, envolvendo 500 escolas da rede estadual de ensino, com propostas de ampliação conforme a adesão voluntária.

Além de garantir mais tempo de aula, o Projeto Escola de Tempo Integral assiste totalmente o aluno em suas necessidades básicas e educacionais, reforçando o aproveitamento escolar, a auto-estima e o sentimento de pertencimento, um princípio que vem dando excelentes resultados no Programa Escola da Família. Com esse foco, a escola se firma como um espaço privilegiado de socialização, onde o aluno pode experimentar uma vivência coletiva e desenvolver habilidades segundo suas tendências e aspirações.

O projeto prevê aulas das 7h às 16h. Na parte da manhã, os estudantes têm aulas de todas as disciplinas que compõem o currículo. À tarde, das atividades sugeridas para o currículo da Escola de Tempo Integral, destacam-se aquelas de orientação de estudos, como Leitura e Escrita, Hora da Leitura, Resolução de Problemas Matemáticos, Orientação em Pesquisa, Práticas nas Salas de Informática e de Ciências Físicas e Biológicas. As atividades desportivas privilegiam esportes, atletismo e jogos de xadrez e damas, enquanto os campos artístico e cultural são contemplados por atividades de artes cênicas, visuais, dança, música e pintura. O programa prevê disciplinas de integração social, educação ambiental, Ética e Filosofia. Contudo, a escola dispõe de autonomia para elaborar o projeto de tempo integral que melhor atenda às suas necessidades.

Infelizmente, 80% das crianças do Brasil ficam menos de três horas por dia na escola. O projeto escola de tempo integral também acontece em outros estados brasileiros. Geralmente a criança tem oito horas de aula por dia. Não se trata apenas de um aumento quantitativo, mas sobretudo qualitativo. Não somente as horas suplementares como todo o período escolar permitem ressignificar o ambiente educativo, dando-lhe um caráter mais exploratório, mais investigativo, protagonizado por todos os envolvidos na relação de ensino-aprendizagem. Esse é um conceito que precisa ser perseguido pelos políticos. Há muitos que gastam muito com o que não é essencial, por isso a educação no Brasil ainda está muito longe do patamar de excelência com que sonha todo educador. Evidentemente não é de uma hora para outra que se transformam as escolas em escolas de tempo integral. Mas podem-se traçar metas. No mínimo quatro horas, depois cinco, depois seis, até chegar ao ideal. O que não pode é cada gestor público descontinuar o projeto anterior, querendo reinventar as verdades educacionais.

Enfim, uma criança que fica mais tempo na escola aprende mais e melhor porque é cuidada por mais tempo. Se a família a acompanhasse o restante do dia, talvez esse projeto não fosse tão necessário. Entretanto, isso não acontece.

O **Programa de Formação Continuada dos Professores** envolveu milhares de professores e revolucionou a educação.

Numerosos programas – desde a formação universitária, para quem não a possuía, até programas de mestrado no exterior – foram oferecidos a milhares de professores da rede pública do estado de São Paulo.

Uma educação de qualidade precisa de professores qualificados. Uma questão essencial para a melhoria da educação é a valorização do educador. O professor é a alma de todo processo educativo. A Formação Continuada é uma estratégia necessária, imprescindível e fundamental para a construção de docentes críticos e reflexivos, sempre em consonância conceitual com as metas propostas e os objetivos estabelecidos pela educação.

Os benefícios dessa ação revelaram um professor mais bem preparado, aproximou a família da escola e diminuiu a violência.

A escola ficou mais interessante para o aluno e os índices de evasão escolar caíram. Em 1995, no estado de São Paulo, a evasão de alunos de 1ª a 4ª série era de 5,6%. Em 2005, baixou para 0,6%. No mesmo período a evasão escolar de 5ª a 8ª séries baixou de 13,1% para 2,5%. No ensino médio, a redução foi ainda mais significativa: de 21,2% em 1995 para 7,0% em 2005.

Além de todos os benefícios e resultados apresentados, essa ação também contribuiu para a democratização da educação. Foi um longo período sem sequer uma greve de professores.

Escola da Família, Escola de Tempo Integral, Formação de Professores são programas capazes de transformar não só a educação, como toda a sociedade, porém necessitam de tempo, de continuidade, de investimento, de vontade política. A exemplo dos países que hoje são modelos em educação, o tempo de virar o jogo é de pelo menos vinte anos.

Esses exemplos do estado de São Paulo foram usados não por serem perfeitos, mas significativos. Quando assumi a

Secretaria de Educação, o meu sonho era o da coerência. Queria colocar na prática tudo o que já defendia na teoria. Conseguimos fazer isso. A começar pelo respeito aos professores e pela humanização das escolas. Sabia que era preciso muito tempo para que os resultados pudessem ser notados. Contudo o que importa é lançar a semente. E isso foi feito.

É preciso avançar. E avançar inclui ousar, fazer diferente, ainda que essa diferença rompa com padrões estabelecidos. A qualidade do trabalho pedagógico deve considerar desde a maneira de organizar as carteiras na sala de aula até a abertura das escolas nos fins de semana, ou a ampliação da permanência dos alunos na escola durante a semana.

A educação é o termômetro que revela a capacidade do governo de amar e proteger suas crianças e jovens. Essa capacidade se concretiza na edificação de oportunidades que permitam renovar o bem comum.

Construir o bem comum não significa lutar contra o mal, mas lutar a favor do bem; não significa eliminar o agressor, mas as causas da agressão com o conhecimento e a sabedoria de um guardião.

O imperador chinês

Conta-se que certo imperador chinês, quando foi avisado a respeito de uma insurreição que estava se desenvolvendo em uma das províncias do seu império, disse aos ministros do seu governo e aos chefes militares que o cercavam:

– Vamos. Sigam-me. Destruirei os meus inimigos imediatamente.

Quando o imperador e suas tropas chegaram ao lugar onde se encontravam os rebeldes, ele os tratou com tanta brandura e amabilidade que, em gratidão, todos se submeteram a ele voluntariamente.

Aqueles que compunham a comitiva do imperador pensaram que ele ordenaria a imediata execução de todos os que haviam se rebelado contra o seu domínio, mas ficaram grandemente surpreendidos ao vê-lo tratando-os com tanto carinho e afeto. Intrigado com a humilhante atitude do soberano e julgando-o quase um covarde, o primeiro-ministro, um tanto agastado, perguntou:

– É desta forma que Vossa Excelência cumpre sempre a sua ameaça? Não nos disse no início da caminhada que viríamos aqui para vê-lo destruir os seus inimigos? – E prosseguiu: – Ora, a única atitude que tomou foi a de anistiá-los com um gesto humanitário... Estamos todos verdadeiramente estarrecidos com o perdão indiscriminado e, sobretudo, com o carinho extremado que premiou a cada um dos revoltosos.

Depois de ouvir atenciosamente a censura do seu ministro e ainda outras tantas críticas feitas pelos demais auxiliares, o imperador, tomado de um sereno ar de generosidade, disse-lhes:

– Sim, lembro-me que prometi solene e decididamente destruir todos os meus inimigos. E agora eu lhes pergunto: estão vendo algum inimigo meu? Certamente que não, pois a todos tenho feito amigos.

Essa é uma verdade sem contestação. Podemos destruir os inimigos pela força, pela violência, pela soberania. Entretanto, feito isto, não há dúvidas, muitos outros inimigos nascerão em face da atitude prepotente. Todavia, quando se procura ganhar um inimigo com gestos de amor, de compreen-

> *são e bondade, fatalmente surgirão muitos outros amigos que, atraídos pela experiência vivida pelo semelhante, também se deixam transformar, seguindo o exemplo de amor e perdão em relação aos inimigos.*[74]

Até para eliminar o agressor é preciso acolhê-lo. A tal ponto que ele não sinta mais o desejo de agredir. O cuidado e o amor transformam as pessoas, que transformam seus espaços e transformam suas vidas.

---

74. Almeida, Assis. *Histórias interessantes*. 2. ed. São Paulo: Premius, 2003.

Capítulo 12

Um olhar de amizade

Quando você foi embora, fez-se noite em meu viver.

Milton Nascimento, *Travessia*

A educação conduz a comportamentos mais amistosos. Isso porque a educação refina as atitudes. O conhecimento tem essa magia de engendrar pessoas e processos para encontros. Cada encontro é, em semente, uma nova amizade. E cada nova amizade representa uma nova possibilidade de aprender e de ensinar.

As possibilidades ajudam o navegante a não desistir no início de uma jornada, porque configuram, em si, a esperança, o sopro de nova vida.

A ignorância não é um mal, completamente. Há muita gente que passa toda a vida pensando que lhe basta o que aprendeu em conversas e em histórias. Talvez baste mesmo. Essas pessoas vivem em cidades ou no campo. Cresceram, casaram-se, tiveram filhos e se orgulharam de, em meio a tantas dificuldades, dar o que tinham de melhor. A amizade transformada em valor. Entretanto, se é possível abrir espaços e oportunidades para a aprendizagem, não há razões para manter no obscurantismo uma parte significativa da raça humana. Se existe a luz, por que deixar as pessoas vivendo na escuridão?

É em respeito a quem está à margem do mundo iluminado que devemos agir. E há muitas crianças e jovens que, mesmo indo à escola, continuam à margem da sociedade. Não conseguem aprender porque os bloqueios ordenam-lhes a vontade e tornam suas atitudes medrosas, acovardadas e tímidas.

A imaginação não nasce do acaso. Nenhum sonho decola do nada. É preciso base. É preciso fundamento. É preciso repertório. A criatividade ganha novos contornos quando são oferecidos caminhos. É como embarcar numa nau, numa viagem metafórica pelo mundo do conhecimento, escapando da fronteira perdida na escuridão. É de esperança que precisam esses jovens. É de esperança que precisam os educadores. Se o oceano é violento demais, se os instrumentos necessários são desconhecidos, o destino acaba sendo a apatia de apenas observar as velas e esperar que haja vento para empurrar a embarcação, ou o desespero de quem observa as velas e não vê um mínimo sopro de vento ou de vida. Ambos, apatia e desespero, levam ao fracasso. E é justamente do oposto que queremos falar: sucesso.

Proporcionar sucesso é permitir que o indivíduo possa usufruir os bens que generosamente o mundo lhe confere. Os bens naturais e os construídos pelos homens. Os bens internos e externos. Quero aproveitar essa idéia para discorrer sobre essa fruição de mão dupla, de quem obtém e de quem proporciona realização. Quero afirmar que o sucesso é a arte de, diante desses bens, encontrar razões para sorrir. Não o sorriso tosco de quem precisa demonstrar que é bom, ou o sorriso demagógico de quem finge ter poder, mas o sorriso leve de um ofício bem cumprido. Que felicidade encontra o médico ao dar dignidade a um desesperado! Que felicidade sente o bombeiro com a consciência do serviço bem realizado! Que felicidade irradia o professor ao fazer brotar sementes de esperança em seus alunos! Cada realização, cada sentimento capaz de resultar em uma boa iniciativa, representa mais história, mais vida, para ser contada e para ser vivida.

Principalmente para compartilhar com a família. Os pais ganham muito quando partilham, com os filhos, os medos e os anseios. As quedas e as vitórias. A vida é assim. Um fluxo constante, um fluir contínuo como as vagas de um mar revolto ou as ondas mansas de um rio de águas calmas.

Os pais ganham mais ainda quando dizem a verdade aos filhos.

Vou contar uma história real, simples, mas muito reveladora. João, um trabalhador que conheci, era um homem correto e dedicado. Mas isso não basta para alguém manter o emprego num ambiente capitalista como o que vivemos. Pressionado pelos juros altos que encareciam os encargos de sua empresa, seu patrão teve de promover, a contragosto, um corte de funcionários – do contrário não conseguiria sobreviver como pequeno empresário.

João, naquele dia, voltou do trabalho calado, diferente do habitual. Reuniu a família e disse emocionado que perdera o emprego. Procurou manter-se otimista, mas avisou a todos sem mágoa, porém com muita firmeza e sinceridade, que por certo passariam um tempo de vacas magras. Pediu que todos compreendessem a situação, especialmente os dois filhos, Ronaldo e Júnior, que talvez tivessem de mudar de escola, porque não teria condições de mantê-los em escola particular. Teresa, a esposa, olhou para o marido com grande ternura. Disse que tinha fé de que em breve ele arrumaria outro emprego. João abraçou a esposa e lamentou não ter estudo para tentar outros caminhos. Júnior, o filho mais novo, aproximou-se, colocou a mão no braço do pai, num afago, e com doçura lhe disse:

– Papai, se você não tem estudo, tem, de sobra, amor e amizade. Você é o melhor pai do mundo. Sem emprego ou com emprego. Sem dinheiro ou com dinheiro. Nós vamos fazer o que for preciso para ajudar você.

Teresa, com os olhos úmidos e o coração alegre pela atitude do filho, completou:

– Tá vendo, João? De educação de filho você entende.

É isso. A amizade precisa da verdade.

Todavia há pais que fingem viver de uma forma, quando na realidade vivem de outra.

Vou contar outra história. André tinha um filho, Mateus, de 10 anos. Fazia tudo o que o menino pedia. E ai se não fizesse! Mateus armava logo um bico enorme, dizia que preferia morrer a ficar sem a bicicleta que o pai ainda não comprara; ou sem o computador, que demorava a vir; ou sem o tênis novo que tinha sido lançado e que vários amigos da escola já usavam, menos ele, obrigado a usar o tênis do ano anterior...

André, mesmo sem nunca ter possuído um par de tênis na vida, enchia-se de dívidas para não submeter o filho ao que ele considerava ser a mesma privação pela qual ele havia passado. A cada exigência do filho, a resposta era sempre a de que daria um jeito. Com certeza, daria um jeito. Privava-se de coisas importantes, como cuidar dos dentes ou comprar óculos, para satisfazer os desejos do garoto. Mateus foi crescendo, embalado pelas facilidades que encontrava em casa. As vontades e as dívidas cresciam proporcionalmente. E nada satisfazia o jovem. Ele andava de táxi, enquanto o pai enfrentava ônibus e metrô; tinha plano de saúde, enquanto o pai se tratava em hospital público; comia em restaurante, enquanto o pai levava marmita para o trabalho.

André morreu cedo. Foi vítima de uma vida de sacrifícios. A má alimentação e o excesso de trabalho foram demais para sua compleição franzina. Conseguira, com toda dificuldade, pagar as dívidas, mas não pôde deixar herança para o filho. Mateus, até hoje, vive trocando de emprego. O gênio forte de jovem mimado não facilita o seu trabalho em equipe.

André não fez por mal. Ao contrário, pensava estar acertando. No entanto não foi sincero com o filho. Não o educou, na verdade. Porque não conseguia dizer **não**. Isso é um equivoco. Eles não eram amigos. Um pedia e o outro se matava para arrumar. Talvez André tivesse a intenção de suprir a falta da mãe, que cedo abandonou a família. Não importa. Em uma relação de amizade é preciso que se saiba dizer sim e que se saiba dizer não. E que se explique o porquê do sim e do não.

Também no âmbito da escola, as relações têm de ser permeadas pela verdade. Deve-se, sobretudo quando as regras são discutidas e obedecidas, saber dizer sim e saber dizer não. Um elemento que deseduca é a injustiça. Quando alguém sente que a lei vale para si e não vale para outra pessoa, porque esta tem mais poder, mais dinheiro ou mais relações com pessoas influentes, sua tendência é fazer de tudo para também desrespeitar a norma.

Vale aqui uma reflexão sobre a importância de as mulheres e os homens públicos darem bons exemplos. Além de terem a obrigação de fazer o que é correto, precisam ajudar outras pessoas a seguir o mesmo caminho. Há muitos que, por imaturidade ou por deslumbramento, utilizam o poder como um prazer mesquinho de se fazer obedecer. O poder deve ser uma possibilidade de servir. Um país que negligencia esses conceitos em suas esferas governamentais dificulta o trabalho dos educadores. Certamente o aluno há de pensar que o mundo é muito diferente do que se ensina nas salas de aula.

A educação para a amizade impede que o aluno se sinta reduzido porque não sabe, não enxerga ou carrega algum obstáculo que impede ou dificulta a sua aprendizagem. O aluno não pode ser alijado do processo porque não dispõe ainda das habilidades necessárias que lhe permitam a aprendizagem.

Neste último capítulo, faz-se necessário retomar alguns conceitos básicos para a relação harmoniosa em sala de aula, que podem ser sintetizados em três grandes valores que devem ser abraçados pelo educador:

Amor – Ninguém educa sem amor. O amor é a ponte que une duas almas que comungam ou precisam comungar dos mesmos ideais. O professor não pode enxergar o aluno como um adversário, mas como um aliado, mesmo quando o comportamento dele é inadequado. Palavras leves. Cumprimentos. Atenção. Respeito ao tempo alheio. Inovação para incluir quem está à margem por algum motivo. Integridade. O professor que trabalha o valor do amor preocupa-se em não agredir, em não destruir sonhos nem castelos, mas, ao contrário, em fazer ver luz em meio às nuvens.

O amor justifica a própria ação de educar. Carlos Drummond de Andrade dizia isto, por exemplo no livro *Poesia errante*, num poema-síntese: "A gente sempre se amando // nem vê o tempo passar. // O amor vai-nos ensinando // que é sempre tempo de amar.[75] Porque o ato de educar é sempre um ato de generosidade, de benevolência. E o professor é, por natureza, bom, porque partilha o que sabe e busca o que lhe falta. Evidentemente, há professores que, esquecidos da própria missão, traumatizam alunos. Sabemos de muitos relatos de crianças que urinaram na sala de aula, com medo dos professores. De crianças que ouviram palavras duras de quem perdeu a esperança e não admite que ela possa residir em outro coração. Professores que debocham dos que não sabem e ridicularizam os que tentam crescer em meio à miséria.

Acredito que essa não seja a regra. Há muitos mestres de verdade que conhecem o amor como um valor no processo educativo.

Competência – Não é possível ensinar sem aprender. O mestre é aquele que aprende o tempo todo, que estuda, que busca ampliar o repertório em respeito à confiança que o aluno deposita nele. A competência deve levar em consideração o conteúdo e a forma. Há que se perguntar àquele que se propõe a ensinar o que é de fato essencial para que o aluno siga a sua jornada. Há que se reconhecer que os alunos mudam, que mudam seus comportamentos e suas necessidades. O professor competente não tem medo da mudança. Ao contrário, vale-se dela para sentir-se instigado a mudar a metodologia, a prática pedagógica, a buscar outras estratégias para alcançar o

75. *In* ANDRADE, Carlos Drummond de. *Poesia completa.* Volume único. Rio de Janeiro: Nova Aguilar, 2002.

aluno, promovendo sua aprendizagem. Competência não deve ser sinônimo de prepotência ou arrogância. Ao contrário. O professor competente tem a simplicidade de buscar o que há de melhor para partilhar com os alunos. Sabe que não basta ensinar somente os conteúdos da disciplina. Sabe que é preciso ter um olhar ampliado. Dialogal. Porque o mundo não é compartimentalizado. E a escola prepara – ou deveria preparar – para o mundo. A interdisciplinaridade ou a transdisciplinaridade precisa sair do gabinete de teóricos e chegar à sala de aula. Ela será muito bem-vinda.

Coragem – Sem coragem não se sai do lugar. Há quem defenda que quanto mais se ousa, maior a chance de errar. Pode ser. Mas a falta de ousadia tem como conseqüência a estagnação. O professor tem de vencer o medo de ser diferente do grupo. Em muitas escolas, um novo professor não é bem recebido quando tenta um caminho diferente para ensinar. Isso não deve levá-lo ao desânimo. Talvez esteja aí a grande oportunidade para, aos poucos, envolver aqueles que por algum motivo já não acreditam no poder da educação. A coragem também é necessária para que o professor consiga despir-se do seu poder e colocar-se a serviço do aluno e do conhecimento. Mudar a sala de aula, ousar no conteúdo, introduzir novas práticas pedagógicas, trazer o afeto como companheiro freqüente das relações dentro e fora da sala de aula. Valorizar conteúdo e forma. Entender os altos e baixos que o aluno sofre na escola, na família, na vida. Ter coragem é ser educador por inteiro, sem medo de se comprometer com o seu aluno.

Amor, competência e coragem são valores essenciais também aos educadores da família.

Sem amor jamais os pais deixarão um legado para seus filhos. E o amor não pode ficar trancado no universo dos sentimentos mais íntimos. O amor deve ser materializado em gestos de delicadeza, de diálogo, de cumplicidade.

A competência também é essencial. O pai ou a mãe tem de saber a melhor forma de abordar temas complexos como drogas e violência; temas delicados como a paixão e as relações afetivas; temas dolorosos como as quedas, as perdas e as pedras no meio do caminho.

Os pais têm de ter a coragem de não mentir. As máscaras amenizam o sofrimento por algum tempo, depois apresentam dois riscos: ou deformam o rosto ou grudam nele. E os "mascarados" não mais saberão quem são.

Amor, competência e coragem, valores que envolvem outros. Valores essenciais para quem quer ensinar e para quem quer aprender.

A amizade se concretiza por meio de gestos, e a palavra é um dos seus principais instrumentos. Rubem Alves assim refletiu:

> *Pelo poder da palavra ela pode agora navegar com as nuvens, visitar as estrelas, entrar no corpo dos animais, fluir com a seiva das plantas, mergulhar no fundo dos rios e mares, andar por mundos que há muito deixaram de existir, assentar-se dentro de pirâmides e de catedrais góticas, ouvir corais gregorianos, ver os homens trabalhando e amando, ler as canções que escreveram, aprender das loucuras do poder, passear pelos*

espaços da literatura, das artes, da filosofia, dos números... lugares onde seu corpo nunca poderia ir sozinho.

Corpo espelho do universo! Tudo cabe dentro dele.[76]

É esse fascinante universo, que cabe dentro de cada um de nós, que os mestres amigos nos apresentam. Evidentemente aprendemos o tempo todo com todas as pessoas. Aprendemos pelo exemplo da atitude correta e pela atitude incorreta, que juramos não imitar. Aprendemos pelo discurso ético e pela ação ética. Mas aprendemos também quando observamos a infelicidade daqueles que se trancam em seus mundos com medo de serem invadidos e com preguiça de partilhar. Os educadores têm o poder de apresentar um novo mundo aos seus alunos. Com que avidez, com que disposição se colocam os aprendizes quando encontram mestres amigos! É essa amizade que desmistifica a matemática ou a física, que aproxima a química da vida, que faz a história não ser um corolário de nomes e datas, que vivifica a geografia, que inspira os alunos a se transformarem por meio de uma filosofia revivida, e assim por diante.

São condutores de alma esses mestres que não se acomodam nem se apequenam, mas que partem, tal qual desbravadores ousados, em busca do novo. Um novo aluno é sempre uma nova terra a ser descoberta. É sempre uma nova conquista o seu aprendizado. E com que felicidade um professor amigo acompanha passo por passo do gigante que conseguiu acordar!

---

76. Alves, Rubem. *A alegria de ensinar*. 3. ed. Campinas: Papirus, 2000.

Olavo Bilac, na saga *O caçador de esmeraldas*,[77] apresenta-nos um trecho vigoroso, que se aplica ao desbravador:

Neste louco vagar, nesta marcha perdida,
Tu foste, como o sol, uma fonte de vida.
Cada passada tua era um caminho aberto,
Cada pouso mudado, uma nova conquista,
E enquanto ias sonhando o teu sonho egoísta,
Teu pé, como o de um deus, fecundava o deserto.

É de amizade que fala Nietzsche no desfecho de sua obra *Humano, demasiado humano.*

Entre amigos
É belo calar-se juntos,
Mais belo rir juntos,
Sob a ternura de céu de seda,
Encostados no musgo da faia,
Rir afetuosamente com amigos, riso claro,
E mostrar-se mutuamente dentes brancos.
[...][78]

Ao término do livro, ele trata do viajante com a dualidade dos que sorriem e choram.

---

77. Bilac, Olavo. *O caçador de esmeraldas e outros poemas*. São Paulo: Ediouro, 1997.
78. Nietzsche. *Humano, demasiado humano*. 2. ed. São Paulo: Escala, 2007.

O viajante

Aquele que quiser, mesmo que fosse somente em certa medida, chegar à liberdade da razão, não tem o direito de se sentir na terra de outra forma senão como viajante – e nem para um périplo para um objetivo final: pois não o tem. Mas se proporá a observar bem e a manter os olhos abertos para tudo o que se passa realmente no mundo; é por isso que não pode apegar muito intensamente seu coração a nada em particular; é preciso que tenha sempre nele alguma coisa do viajante que tem prazer pelas mudanças e pela passagem. Sem dúvida, semelhante homem terá noites ruins quando deverá estar cansado e encontrar fechada a porta da cidade que deveria lhe oferecer repouso; pode ser que, além disso, como no oriente, o deserto se estenda até essa porta, que os animais selvagens uivem ora longe, ora perto, que um vento violento se levante, que salteadores lhe roubem os animais de carga. Então talvez a espantosa noite haverá de descer sobre ele como um segundo deserto no deserto e seu coração fique cansado de viajar. Então talvez a aurora se levante sobre ele, ardente como uma divindade em estado de ira, que a cidade se abra, e ele há de ver talvez no rosto dos habitantes mais ainda deserto, sujeira, velhacaria, insegurança que do lado de fora das portas – e o dia será quase pior que a noite.

Isso pode acontecer às vezes ao viajante; mas em seguida vêm, em compensação, as manhãs deliciosas de outras regiões e de outras jornadas, nas quais vê desde o despontar do dia, na neblina dos montes, os coros das musas avançarem dançando a seu encontro, depois, mais tarde, quando pacificamente no equilíbrio da alma das manhãs, ao passear sob as árvores, cair

> *a seus pés, de seu topo e de suas copas, uma quantidade de coisas boas e claras...*[79]

Nietzsche faz ver a dualidade do viajante. Não há como deixar de viajar aquele que busca a liberdade da razão. Há de sofrer certamente porque portas estarão cerradas, sonhos precisarão ser desfeitos, projetos serão cancelados. Há de sorrir, entretanto, porque perceberá a liberdade de poder sofrer e de superar o próprio sofrimento. Mesmo quando é o abismo que nos espera, é possível perpassá-lo dançando. Talvez o fim seja menos importante do que a travessia.

Quando Martin Luther King apelava para a consciência de que não poderia haver um povo segregado, falava sobre o nascimento de uma nação.[80] Uma nação que, tal qual o êxodo que garantiu uma nova terra aos que viviam no cativeiro do Egito, pudesse garantir uma nova história àqueles que queriam apenas ser respeitados. Martin Luther King foi um viajante extraordinário. Não se intimidou com portas fechadas e com a cidade acanhada, com medo de dar guarida a um novo conceito. É de homens assim, amigos da humanidade, que precisamos.

Nesta obra viajamos por experiências de sucesso e de fracasso. Pela agressão sofrida na alma, a dor causada pelo *bullying*. A escola, a família, a sociedade, o governo. Experiências que podem ser replicadas para que, de fato, a educação cumpra sua

---

79. Nietzsche. *Op. cit.*

80. Em discurso proferido em Montgomery, Alabama, no dia 7 de abril de 1957.

finalidade. Afinal somos todos aprendizes. Nélida Piñon, em seu magistral livro *Aprendiz de Homero,*[81] fala com modéstia que, apesar de não ser mestra, acredita na educação e acredita no educador. Diz Nélida, sobre a arte de educar:

> *Educar é fazer o aluno fruir dos bens do planeta em todas as suas manifestações. Para que sua fantasia, seu verbo, sua linguagem, sejam libertários, destemidos, sem freios. É fazer do ato de pensar um feito tão natural quanto respirar. Um dom ao alcance de todos, independentemente de sua condição.*
>
> *Educar é defender o exercício e a prática que transformam o sujeito passivo em sujeito da própria história. É dar fé a quem esteja na sala de aula de ser ele uma entidade inviolável, uma aposta do futuro.*
>
> *Educar é prender o aluno à escola, empenhar todos os recursos para evitar a evasão escolar, a fuga da vida. É despertar nele o desejo de vir a ser um projeto existencial magnífico, sem brechas, fissuras. De vir a ser no futuro um congressista, um escritor, um operário, um mestre. Alguém que, ao explorar sua irrenunciável vocação para a vida, nela inclua como meta o saber, o desvendamento da inteligência, o coração ardente, a mirada camaleônica e reveladora.*
>
> *[...]*
>
> *Educar é também convencer alunos e cidadãos de que o professor é a única entidade social capaz de modificar a sociedade e torná-la melhor. É um ser aparelhado para opor-se à barbárie. Pois quem, senão o mestre, tem a habilidade de che-*

81. Piñon, Nélida. *Aprendiz de Homero*. Rio de Janeiro: Record, 2008.

gar mais perto e rapidamente ao coração jovem que recém deixou as paredes de casa?

[...]

É finalmente reverenciar, hoje e sempre, a figura do professor que, nos tomando pela mão, enlaçados pelo mesmo ideal, leva-nos a freqüentar o próprio mistério, o coração alheio, a visitar a memória, as civilizações pretéritas que residem em nós.

A escritora fala em *irrenunciável vocação para a vida*. É disso que tratamos em todo este livro. Ninguém tem o direito de renunciar à própria vida. Nem de fazer o outro desistir da dele. O *bullying* é uma ferramenta grosseira de desconstrução, de apequenamento. E precisa ser combatido.

Para esse combate, espera-se que os professores, que merecem ser reverenciados por tudo o que fazem e representam, sejam de fato amigos de seus alunos. Espera-se também que os pais busquem ajuda, quando necessário, que não pequem por omissão diante da dor do próprio filho ou filha. Os pais são também semeadores. São, também, acolhedores, mesmo que os filhos dissipem o que tinham de melhor e voltem em busca de alguma coisa mais. Não importa se a prevenção não foi suficiente para preparar o filho e para libertá-lo de tantas amarras. Vale a segunda chance ou a terceira? Que importa? Enquanto a nau está no oceano, não há por que desistir de ser viajante. Os riscos estão aí, mas são menores do que a coragem e do que a capacidade de conduzir a embarcação.

Há muitas outras histórias que vivenciei como aluno e como professor. Há relatos de superação, que gritam àqueles que ensurdecem diante do apelo do aprendiz. O aluno olha com a tristeza de quem não confia em si mesmo, e o professor não percebe. O filho grita em silêncio pedindo ajuda, mas o pai ou a mãe não percebe ou acha natural que sofra para se tornar um adulto forte. O sofrimento não pode ser imposto pela ausência de um condutor. O viajante sabe, com o tempo, que cair e levantar faz parte da travessia. Só não sabe que tem de levantar-se sozinho – e não tem! Às vezes alguém não se levanta nunca porque faltou quem o chamasse à vida.

Não se negocia a dignidade, não se negocia a liberdade. Não se negocia a vocação. É de amigos que precisam esses aprendizes. Não de uma amizade interesseira, efêmera, inconsistente, de quem ocupa um espaço no palco, porém não atua. Os artistas jogam em cena porque confiam um no outro, porque são amigos. Quando isso não acontece, o mundo cênico paga o seu preço.

Pedagogia da amizade é tudo isso. É tudo. A crença na aprendizagem constante. A aprendizagem real. A aprendizagem que faz a vida ter sentido e faz seus sujeitos terem dignidade. A dignidade da pessoa humana não tem preço.

Que educadores e educandos atuem com dignidade na construção de suas histórias. Que os traumas dêem lugar às possibilidades. Que o medo venha, mas não ocupe muito espaço. Que o amor, sempre o amor!, possa entrar para iluminar... Que preencha, pouco a pouco, os vazios, e que não vá embora nunca mais.

Que o amor e a amizade permaneçam entre nós, nas asas da poesia de quem soube privilegiar a doçura, o respeito, o amor enfim: Cecília Meirelles.

Tu tens um medo

Acabar.
Não vês que acabas todo o dia.
Que morres no amor.
Na tristeza.
Na dúvida.
No desejo.
Que te renovas todo dia.
No amor.
Na tristeza
Na dúvida.
No desejo.
Que és sempre outro.
Que és sempre o mesmo.
Que morrerás por idades imensas.
Até não teres medo de morrer.
E então serás eterno.
Não ames como os homens amam.
Não ames com amor.
Ama sem amor.
Ama sem querer.
Ama sem sentir.
Ama como se fosses outro.
Como se fosses amar.
Sem esperar.
Tão separado do que ama, em ti,
Que não te inquiete
Se o amor leva à felicidade,
Se leva à morte,

Se leva a algum destino.
Se te leva.
E se vai, ele mesmo...
Não faças de ti
Um sonho a realizar.
Vai.
Sem caminho marcado.
Tu és o de todos os caminhos.
Sê apenas uma presença.
Invisível presença silenciosa.
Todas as coisas esperam a luz,
Sem dizerem que a esperam.
Sem saberem que existe.
Todas as coisas esperarão por ti,
Sem te falarem.
Sem lhes falares.
Sê o que renuncia
Altamente:
Sem tristeza da tua renúncia!
Sem orgulho da tua renúncia!
Abre as tuas mãos sobre o infinito.
E não deixes ficar de ti
Nem esse último gesto!
O que tu viste amargo,
Doloroso,
Difícil,
O que tu viste inútil
Foi o que viram os teus olhos
Humanos,
Esquecidos...

Enganados...
No momento da tua renúncia
Estende sobre a vida
Os teus olhos
E tu verás o que vias:
Mas tu verás melhor...
... E tudo que era efêmero
se desfez.
E ficaste só tu, que é eterno.[82]

82. Meirelles, Cecília. *Poesia completa*. Rio de Janeiro: Nova Aguilar, 1993.

Bibliografia

Livros

AGOSTINHO, Santo. *Confissões.* 2. ed. São Paulo: Paulus, 1997.

ALMEIDA, Assis. *Histórias interessantes.* 2. ed. São Paulo: Premius, 2003.

ANDRADE, Carlos Drummond de. *O avesso das coisas (aforismos).* São Paulo: Record, 2007.

ARISTÓTELES. *Política*. Livro VIII, parte III. São Paulo: Escala, 2006.

ASSIS, Machado de. *Um apólogo*. São Paulo: DCL, 2003.

______. *Obra completa de Machado de Assis.* Rio de Janeiro: Nova Aguilar, 1994. v. I.

BENNETT, William J. *O livro das virtudes.* Rio de Janeiro: Nova Fronteira, 1995.

BÍBLIA SAGRADA. 33. ed. São Paulo: Ave-Maria, 1982.

BILAC, Olavo. *O caçador de esmeraldas e outros poemas*. São Paulo: Ediouro, 1997.

BOFF, Leonardo. *A águia e a galinha: uma metáfora da condição humana*. 34. ed. Petrópolis: Vozes, 2000.

CAPRA, Fritjof. *A teia da vida, uma nova compreensão dos sistemas vivos*. São Paulo: Cultrix/Amana-Key, 1997.

CAMÕES, Luís. *Lírica completa II*. Lisboa: Imprensa Nacional/Casa da Moeda, 1980.

CARROLL, Lewis. *Alice no País das Maravilhas*. 9. ed. São Paulo: Summus, 1980.

CASTRO, Sílvio. *Carta de Pero Vaz de Caminha: o descobrimento do Brasil*. Porto Alegre: LP&M, 2003.

CONSTANTINI, Alessandro. Bullying, *como combatê-lo? Prevenir e enfrentar a violência entre jovens*. São Paulo: Itália Nova, 2004.

CORTESÃO, Luiza. A história do menino gordo. *Jornal de Letras* (edição de 19 dez. 2007 a 1/1/2008).

CORTINA, Adela. *O fazer ético: guia para a educação moral*. São Paulo: Moderna, 2003.

COSTA, Eduardo Alves da. *No caminho com Maiakovski*. Rio de Janeiro: Geração Editorial, 1986.

DREYER, Diogo. *A brincadeira que não tem graça*. Portal Educacional, 2005. Disponível em: <http://www.educacional.com.br.> Acesso em: 8/5/2008.

DRUON, Maurice. *O menino do dedo verde*. Trad. D. Marcos Barbosa. 3. ed. Rio de Janeiro: José Olympio, 1973.

FANTE, Cleo. *Fenômeno* Bullying*: como prevenir a violência nas escolas e educar para a paz*. 2. ed. Campinas: Verus, 2005.

FOUCAULT, Michel. *Microfísica do poder*. 16. ed. Rio de Janeiro: Graal, 2001.

FREIRE, Paulo. *Pedagogia dos sonhos possíveis*. São Paulo: Editora da Unesp, 2001.

FUENTES, Carlos. *Este é meu credo*. Rio de Janeiro: Rocco, 2006.

GALHOZ, Maria Aliete. *Fernando Pessoa: obra poética*. 3. ed. São Paulo: Nova Aguillar, 2005.

LA FONTAINE, Jean. *Fábulas de La Fontaine*. Rio de Janeiro: Ebal, 1985.

LOBATO, Monteiro. *Fábulas*. 19. ed. São Paulo: Brasiliense, 1962.

______. *Negrinha*. 30. ed. São Paulo: Brasiliense, 1994.

MARITAIN, Raissa. *Diário de Raissa*. Rio de Janeiro: Agir, 1951.

MISTRAL, Gabriela. *Tala, poemas*. 9. ed. Buenos Aires: Editorial Losada, 1938.

MONROE, Paul. *História da educação*. São Paulo: Companhia Editora Nacional, 1969.

NIETZSCHE. *Humano, demasiado humano*. 2. ed. São Paulo: Escala, 2007.

OLWEUS, Dan. *Bullying at school: what we know and what we can do*. Oxford, UK: Cambridge/USA: Blackwell, 1993.

ORTEGA-RUIZ, Rosário; DEL REY, Rosário. *Estratégias educativas para a prevenção da violência*. Trad. Joaquim Ozório. Brasília: Unesco/UCB, 2002.

PESSOA, Fernando. *O guardador de rebanhos e outros poemas*. São Paulo: Cultrix, 1988.

______. *Poesia completa de Álvaro de Campos*. São Paulo: Companhia das Letras, 2007.

PIÑON, Nélida. *Aprendiz de Homero*. Rio de Janeiro: Record, 2008.

PLATÃO. *A república*. São Paulo: Rideel, 2005.

PLUTARCO. *As vidas ilustres dos homens na vida de Plutarco*. São Paulo: Editora das Américas, 1960.

RIBEIRO, Darcy. *O povo brasileiro: a formação e o sentido do Brasil*. São Paulo: Companhia das Letras, 2005.

SHAKESPEARE, William. *Romeu e Julieta*. Porto Alegre: L&PM, 2001.

SILVA, De Plácido e. *Vocabulário jurídico*. 11. ed. Rio de Janeiro: Forense, 1989. v. II.

SILVA, Roberto da. *Os filhos do governo*. São Paulo: Ática, 1997.

______. *Vocabulário jurídico*. 11. ed. Rio de Janeiro: Forense, 1989. v. IV.

SIMMONS, Rachel. *Garotas fora do jogo: a cultura oculta da agressão nas meninas*. Rio de Janeiro: Rocco, 2004.

Sites

www.bullying.com.br

www.bullying.pro.br/

www.diganaoaobullying.com.br/

www.observatoriodainfancia.com.br

Revista e jornais *on-line*

- IstoÉ Online (www.terra.com.br/istoe/1824/comportamento/1824_maldade_de_menina.htm)
- Folha Online (www.folha.com.br)
- O Estado de S. Paulo Online (www.estadao.com.br)
- G1 – O Portal de Notícias Globo (www.g1.globo.com/)

Contato com o autor:
Site: www.gabrielchalita.com.br

Este livro foi impresso pela
Yangraf em papel *offset* 75 g.